✿ 처음 시작하는 이들을 위한 ✿

최소한의 주식투자 이해하기

☆ 처음 시작하는 이들을 위한 ☆

최소한의 주식투자 이해하기

미셸 케이건 지음 | 김태훈 옮김

page2

들어가는 글

'투자'라는 말을 들으면 아마 주식이나 채권, 뮤추얼펀드가 먼저 떠오를 것이다. 이것들은 분명 가장 흔한 투자상품이다. 하지만 이외에도 다른 투자상품들이 있다.

투자는 돈을 굴려서 더 많은 돈을 버는 것이다. 이것이 가장 단순한 정의다. 투자에는 다음과 같이 여러 수단이 있다.

- 주식
- 채권
- 뮤추얼펀드
- 귀금속
- ETF
- 부동산
- 원자재

- 외환

앞으로 이 모든 투자상품과 더 많은 것에 대해 배우게 될 것이다. 또한 다양한 투자 전략을 살피고, 네브라스카의 천재 워런 버핏과 억만장자 피터 린치 같은 유명 투자자의 조언도 얻을 것이다. 또한 가끔 텔레비전에서 듣거나 온라인에서 보는 공매도, 동전주, 경제지표 같은 용어의 이면에 있는 미스터리를 풀어낼 것이다. 그리고 뉴욕증권거래소와 나스닥 같은 다양한 거래소뿐 아니라 연준, 증권거래위원회 같은 기관과 그들이 투자 선택에 미치는 영향에 대해 배울 것이다.

당신은 교육 및 은퇴와 관련된 투자에 대한 조언을 얻을 것이다. 또한 자신의 위험 감수도를 평가하는 방법을 배울 것이다. 그리고 세계 최고의 투자자들로부터 투자의 기본을 배우게 될 것이다.

투자는 당신이나 자녀의 학비를 조달하는 것이든, 여행을 하면서 새롭고 흥미로운 경험을 하는 것이든, 안정된 은퇴 생활을 위한 자금을 마련하는 것이든 당신의 목표에 도달하도록 도와주는 수단이다. 현명하게 잘 투자하면 저축을 불리고 재정적 꿈을 실현할 수 있다. 세상은 돈을 벌 수 있는 흥미로운 기회로 가득하며, 당신이 그 기회를 활용하도록 기다리고 있다.

『처음 시작하는 이들을 위한 최소한의 주식투자 이해하기』에 오신 것을 환영한다.

차 례

CHATPER 3 **채권, 뮤추얼펀드, ETF**

CHATPER 4 **투자 스타일**

CHAPTER 1

경제학 기초

투자는 돈을 불리는 것이다. 이 일은 당신이 투자하는 증권의 가치가 불어나서 수익을 안겨주지 않으면 불가능하다. 이는 경제의 건강과 직결된다. 경제의 가장 기본적인 전제는 다음과 같다. 소비자가 돈을 쓰면 경제가 성장한다. 반대로 소비자가 돈을 쓰지 않으면 경제가 성장할 수 없다. 경기가 부진하면 소비 지출이 줄고, 전반적인 기업 성장이 정체되며, 투자자는 부실한 성과를 얻는다. 반대로 경기가 호황이면 사람들은 돈을 쓰고, 기업은 번창하며, 투자한 돈이 불어난다. 실제로 소비 지출은 국내총생산GDP의 대부분을 차지하며, 경제가 계속 굴러가게 해준다.

경제가 작동하는 방식, 경기가 거치는 주기, 변화가 시장에 미치는 영향을 이해하면 성공적인 투자자가 되는 데 도움이 된다. 실제로 경제에 관심을 기울이는 투자자는 임박한 변화를 활용할 수 있기 때문에 더 성공할 수 있다. 다른 모든 사람은 지금 벌어지는 일에 집중하는 반면, 경제적 지식을 갖춘 투자자는 앞으로 일어날 일에 초점을 맞춘다. 수익성 있는 투자의 핵심은 미래의 성장에 있다.

매수와 매도
경제의 활력소

오늘날의 경제는 분명히 매우 복잡하고 빠르게 움직이는 메커니즘을 따른다. 어떻게 안 그럴 수 있을까? 세상에는 거의 75억 명의 인구가 살며, 그들은 끝없이 상호작용을 한다. 그중에는 사는 사람도 있고 파는 사람도 있으며, 제조하는 사람도 있고 소비하는 사람도 있다. 시스템으로서의 경제는 우리가 살아가는 데 필요한 것들을 할당한다.

폭넓게 보면 경제가 작동하는 방식이나 그 모호한 분야의 세밀한 내용을 몰라도 돈을 투자할 수 있다. 그래도 기본적인 사항은 알아야 한다.

> "똑똑한 투자자는 낙관주의자에게 매도하고, 비관주의자에게 매수하는 현실주의자다."
>
> _ 제이슨 츠바이크Jason Zweig

가치와 가격

인간이 어떤 것을 사고파는 이유는 그것이 가치를 지니기 때문이다. 가치는 부분적으로 우리가 그 대상을 활용하는 데서 얻는 효용(가령 당신은 생존하기 위해 음식을 활용하고, 이동하기 위해 차를 활용하며, 재미를 위해 영화표를 활용한다)이기도 하고, 우리가 그 대상에 부여하는 금전적 가치(가격)이기도 하다.

하지만 가치는 지속적이지 않다. 어떤 것의 가치는 빠르게 변한다. 가령 당신은 요즘 휘발유 가격이 몇 년 전만큼 높지 않다는 사실을 인식했을 것이다. 그 부분적인 이유는 사람들이 일반적으로 차를 모는 데 휘발유를 덜 쓰기 때문이다. 그에 따라 휘발유에 대한 수요가 줄어들고, 휘발유 가격은 그만큼 내려간다. 또 다른 이유는 많은 산유국이 생산량을 늘렸기 때문이다. 이는 과잉생산으로 이어져서 가격을 낮춘다. 휘발유 가격은 수요와 공급에 따라 오르내린다. 공급이 증가하면 가격이 내리고, 수요가 증가하면 가격이 오른다.

다음은 당신이 알아둬야 할 다른 몇 가지 기본적인 개념이다.

소득

소득은 당신이 필요한 물건을 사기 위해 여러 원천(직업, 증여, 유산, 투자)에서 얻는 돈이다. 당신의 소득을 아는 일은 중요하다. 그래야 분수에 맞게 생활하고, 버는 돈보다 많이 쓰지 않을 수 있다. 경제학자들은 국민소득, 1인당 소득(즉 1인당 평균소득), 가처분소득(당신과 당신의 가족이 세금을 낸 후 쓸 수 있는 금액) 등 다양한 소득을 고려한다.

당신의 삶에서 생기는 큰 변화는 대개 소득에 영향을 미친다. 가장 큰 변화 중 하나는 일(또는 여러 일)을 그만두는 것이다. 그러면 주요한 소득원을 잃게 되며, 소득의 전부 또는 일부를 대체해야 한다. 복지제도가 도움을 주기는 하지만, 투자가 라이프스타일을 유지하게 해주는 데 핵심적인 역할을 한다.

소비

소비는 당신과 당신의 가족이 상품과 서비스에 돈을 쓰는 것을 말한다. 소비 역시 당신이 관리해야 할 아주 중요한 항목이다. 소비가 늘어나는데 소득은 그대로이거나 줄어든다면 문제가 생긴다. 반면 소비가 비교적 꾸준하게 유지되고 소득에 맞춰 이루어진다면 양호한 상황이다.

개인소비지출 Personal Consumption Expenditure

경제학자들은 개인소비지출 PCE을 파악한다. 경제분석국 Bureau of Economic Analysis, www.bea.gov은 정기적으로 개인소비지출 보고서를 발표한다. 노동통계국 Bureau of Labor Statistics, www.bls.gov에서도 정보를 얻을 수 있다.

저축과 투자

마침내 해야 할 일과 하지 말아야 할 일을 다루는 대목에 이르렀다. 그 대상은 바로 저축과 투자다.

과거 미국인들은 저축을 잘했다. 1960년대에 평균 저축률은 소득의 6~10%였다. 저축률은 1990년대에 하락했으며, 지금은 제로 수준이다. 매달 급여를 생활비로 다 쓰는 것은 당연히 바람직하지 않다. 하지만 돈을 모으거나 불릴 방법을 찾는 데 어려움을 겪는 사람이 많다. 그래서 투자가 중요하다. 소득의 일부를 그냥 모아두는 것으로는 충분치 않다. 그 돈이 일을 하게 만들어야 한다.

금리
대출과 대부

금리는 돈을 빌리는 사람들이 대부기관에 지불하는 대가다. 주식부터 채권, 부동산까지 모든 투자상품은 정도는 다르지만 금리의 영향을 받는다. 그 영향을 이해하려면 먼저 금리가 작동하는 양상을 이해해야 한다. 대다수 사람에게 이자는 은행에 예금하고 받거나, (더 흔하게는) 신용카드 회사에 지불해야 하는 것이다. 어떤 사람에게는 주택대출 상환과 관련된 수수께끼 같은 숫자이기도 하다. 우리에게는 이게 전부다. 이것이 금리가 우리의 삶에 미치는 직접적인 영향이다.

　하지만 금리의 변화는 연준에서부터 시작한다.

연준은 당신이 돈을 빌리는 다른 은행에 부과하는 연방기금 금리를 조작하는 권한을 지닌다. 이 금리는 자동차 대출, 주택대출, 신용카드에 적용되는 다른 모든 금리의 토대가 된다. 연준은 이 금리를 활용하여 물가상승률을 통제한다. 가령 물가상승률이 걷잡을 수 없이 상승하지 않도록 하기 위해 금리를 올린다. 금리 인상은 소비 지출에 쓸 돈의 액수를 제한하는 효과를 낸다. 금리가 높아지면 이자로 낼 돈이 늘어나고, 구매에 쓸 돈이 줄어든다.

개인과 기업이 더 많은 돈을 이자로 내면 그만큼 지출할 돈이 줄어든다. 이 경우 투자자도 타격을 입을 수 있다. 연방기금 금리의 변화는 시장에 즉각적인 영향을 미치지는 않는다. 하지만 소비 지출과 기업의 실적을 통해 간접적으로 영향을 미친다. 기업이 자금을 빌리기 위해 더 많은 이자를 지불하면, 배당과 미래 성장을 위한 자금이 줄어든다. 게다가 기업의 이익이 줄어들면 대개 실적이 감소하는 만큼 주가도 하락한다. 그래서 다른 모든 것이 바뀌지 않는다고 해도 금리가 인상되면 주가가 하락할 수 있다.

금리 인하의 효과

연준이 금리를 낮추면 통화 공급이 늘어난다. 이는 종종 주식을 매수하라는 신호다. 금리가 낮아지면 위험/보상 척도에서 주식의 매력이 커지기 때문이다. 금리 인하는 경기 확장에도 도움을 준다. 이는 기업의 성장과 주식가치의 증가로 이어진다.

하지만 반대의 경우도 있다. 연방기금 금리가 인상되면 새로 발행되는 국채에 붙는 이자도 오른다. 이 무위험 자산은 꾸준한 수익률을 보장한다. 게다가 금리가 오르면 국채에 대해 더 많은 이자를 받을 수 있다. 새로 발행되는 지방채와 회사채의 경우도 마찬가지다.

경제지표
시장의 표지판

경기가 방향을 바꿀지, 아니면 경로를 유지할지와 관련하여 미리 단서를 제공하는 특별한 경제적 통계들이 있다. 이 단서들은 선행지표leading indicator라고 한다. 이름에서 알 수 있듯이 선행지표는 경기가 어느 방향으로 갈지 사전에 예측할 수 있도록 해준다. 그 사촌격인 동행지표coincident indicator와 후행지표lagging indicator는 현재와 과거의 경기 상황을 조명하여 경기 추세를 확정하는 데 활용된다.

"투자자가 언제 시장에 들어가거나 시장에서 나와야 할지 알려주는 벨이
  울린다는 말은 신뢰할 수 없다.
  나는 50년 가까이 투자 분야에서 일했지만 그 일을 성공적으로, 꾸준히
  해내는 사람을 알지 못한다. 그 일을 성공적으로, 꾸준히 해내는 사람을

아는 사람조차 알지 못한다."

_ 존 보글John C. Bogle

경제지표는 종종 물가상승률과 연계된다. 그 한 가지 이유는 물가상
승률이 경제의 안정성에 영향을 미치는 금리 수준에 강한 영향을 미치
기 때문이다. 일부 지표는 생산이나 해외 교역에도 연계된다. 이 요소
들은 최종적으로 소비자 물가에 영향을 미친다.

지표와 당신

경제학 학위가 있어야 좋은 투자자가 되는 것은 아니다. 그래도 경
기가 당신의 포트폴리오에 영향을 미치는 양상과 시기를 알아야 한다.
투자자는 마땅히 경제가 어떻게 돌아가고, 경제 활동이 어떻게 측정되
는지 잘 알아야 한다.

여기서는 가장 중요한 여덟 가지 경기지표를 다룬다. 그중에서 GDP
나 소비자물가지수Consumer Price Index. CPI, 실업률, 일자리 증가율, 주
택착공 건수 같은 지표는 들어봤을 것이다. 생산자물가지수Producer
Price Index, 소비자신뢰지수Consumer Confidence Index, 기업재고Business
Inventories 같은 다른 지표들은 덜 알려졌지만 마찬가지로 중요하다.

국내총생산GDP

GDP는 가장 중요한 경제지표다. GDP는 경제 활동에 대한 가장 폭넓은 척도로서 한 국가의 성적표로 간주된다. GDP의 네 가지 주요 요소는 소비, 투자, 정부지출, 순수출이다. 이 후행 지수는 집계하는 데 수 개월이 걸리고, 확정하는 데 그보다 더 오랜 시간이 걸린다. GDP는 경기가 확장하는지, 수축하는지 알려준다.

소비자물가지수CPI

노동통계국이 발표하는 CPI는 물가상승률과 직접 연계된다. 이 지수는 특정한 상품 및 서비스 항목군의 가격을 기준 시 가격과 비교하여 소매가격의 변동을 파악한다. CPI는 다른 일부 물가상승률 척도와 달리 국내 생산 상품과 수입 상품을 모두 포괄한다. 일부 비판론자들은 CPI와 그에 따라 측정하는 물가상승률이 의도적으로 과소평가된다고 말한다. CPI가 사회복지 연금을 늘리는 데 활용되는 요소이기 때문이다.

소비자신뢰지수

소비자신뢰지수는 매월 수천 가구를 대상으로 실시한 인터뷰를 토대로 소비자 심리를 파악한다. 이 지수는 2001년의 9·11 테러 이후 크게 떨어졌다가 뒤이어 몇 년 동안 상당히 안정적으로 유지되었다. 소비자들은 휘발유 가격과 금리가 오르는데도 불구하고 구매 패턴을 유지했다. 그러다가 2008년 가을에 주택 압류, 신용위기, 고전하는 시장, 정부 구제에 대한 뉴스가 소비자들에게 공포를 안기고 돈을 저축하게 만들면서 소비자신뢰지수가 다시 하락했다. 좋은 때든 나쁜 때든 소비자신뢰지수는 국가 금융의 건강 상태를 반영하는 역할을 한다. 이 지수는 국가적 위기나 공황 발생 시 금융시장에 특히 중요하다. 소비자는 경기에 대한 신뢰가 없으면 돈을 쓰지 않는다. 그에 따라 시장은 더욱 부진에 빠진다.

일자리 증가율

정부의 고용 보고서는 GDP에 이어 가장 중요한 경제지표 중 하나다. 일자리 증가 통계는 평균 근로시간, 시간당 소득, 현 실업률 같은 고용 정보를 포함한다. 그래서 향후 투자에 대한 분위기를 조성한다. 일자리가 증가하면 소비자는 보다 느긋한 태도로 더 많이 지출하는 경향이 있다. 반대로 일자리가 감소하면 사람들은 긴장한다. 이는 경기가 하락세로 접어들었다는 강력한 지표다.

실업률

실업 지수는 정부의 고용 보고서를 구성하는 요소다. 동행지표로 간주되는 일자리 총수 데이터와 달리 실업 지수는 후행지표다. 즉 전체 경기 변화에 뒤이어 변화한다. 이 점은 근본적으로 실업 지수의 중요성을 낮춘다. 투자자는 미래의 경기를 바라보기 때문이다. 다만 실업률이 몇 달 동안 낮게 유지되는 것은 곧 물가상승률이 높아질 것이라는 신호일 수 있다.

주택착공 건수

주택착공 건수 지표는 매달 단일 가구용 주택이나 건물의 신규 착공 건수를 측정한다. 이 조사의 목적에 따라 개별 주택과 아파트는 별개의 건으로 집계된다. 즉 150가구가 모인 아파트의 경우 150건으로 집계된다.

그렇다면 주택착공 건수가 왜 중요할까? 통계청에 따르면 주택 건설 산업은 총투자액의 25% 이상, 전체 경제의 약 5%를 차지한다. 주택 착공 건수가 줄어드는 것은 경기가 부진하다는 뜻이다. 반대로 주택착공 건수가 늘어나는 것은 추세를 바꾸어서 경기를 회복세로 돌리는 데 도움을 준다.

> **경기 선행지표 지수** LEI Index
>
> 모든 것에는 지수가 있다. 가령 경기 선행지표(LEI라고 함)를 측정하는 지수도 있다. 이 지수는 미래의 경제 활동을 예측한다고 간주된다. 기본적으로 LEI가 3개월 연속 같은 방향으로 움직이는 것은 경기의 전환점을 시사한다. 가령 3개월 연속으로 긍정적인 신호가 나오면 경기 회복이 임박했음을 나타낸다.

기업재고

월 누계로 집계되는 기업재고는 기업들이 제품을 얼마나 잘 파는지 알려준다. 그래서 경제학자와 투자자들에게 커다란 네온사인과 같다. 기업재고 데이터는 세 가지 출처에서 수집한다.

- 제조
- 상인 도매상Merchant wholesaler
- 소매 보고서

소매재고는 변동성이 가장 큰 요소로 큰 폭의 등락을 초래할 수 있다. 재고의 갑작스러운 감소는 경기 확장의 시작을, 갑작스러운 증가는 수요 감소와 그에 따른 불경기의 시작을 말해준다.

생산자물가지수

역시 노동통계국이 발표하는 생산자물가지수Producer Price Index, PPI 는 도매 물가의 변동을 파악한다. 이 지수는 원료(또는 원자재), 중간재(생산 단계에서 사용되는 제품), 완제품(선반에 오를 준비가 된 제품)으로 구분된다. 매달 거의 10만 개에 달하는 품목의 가격이 약 3만 개의 제조 및 생산 기업과 제조업체로부터 수집된다. 이 동행지표는 종종 CPI(소비자물가지수)의 향방을 잘 예측한다.

업종
산업의 분류

투자에 대해 처음 배우는 사람들은 '업종 순환sector rotation'이라는 말을 듣게 될 것이다. 다른 유형의 산업은 각각 경기순환의 특정 단계에서 더 나은 성과를 올린다. 가령 경기가 확장될 때 호황을 누리는 산업이 있는 반면, 경기가 부진할 때 실제로 더 많은 이익을 내는 산업이 있다. 이는 투자자들이 어디에 주목해야 할지 알면 시장에서 수익을 올릴 방법을 찾을 수 있음을 뜻한다.

업종 순환을 활용하려면 먼저 업종 자체를 이해해야 한다. 업종은 근본적으로 고유한 산업군을 말한다. 많은 사람(금융 전문가 포함)이 '업종sector'과 '산업industry'이라는 용어를 혼용한다. 하지만 이 둘은 사실 같은 뜻을 지니지 않는다. 산업은 구체적인 기업군을 가리키는 반면, 업종은 보다 폭넓은 개념이다. 사실 업종은 엄밀하게 말해서 전체 경제의 폭넓은 구역으로 하나보다 많은 산업을 포함할 수 있다. 가령 금융 업종은 은행, 투자은행, 주택대출, 회계, 보험, 자산관리라는 6개의 다른 산업을 포함한다.

현재 경기 주기는 어디를 지나는가?

그다음으로 현재 경기가 하강, 불경기, 상승, 회복 중에서 어느 위치에 있는지 알아야 한다. 「월스트리트저널」 같은 대부분의 대형 금융지를 보면 현재 경기를 분석한 내용이 나온다. 또한 미국 상무부 경제분석국의 홈페이지(www.bea.gov)에서 미국의 경기 상황에 대한 자세한 정보를 얻을 수 있다. 경기가 어떤 위치에 있는지 알면 시점을 예측할 수는 없더라도 앞으로 어디로 향할지 더 잘 예측할 수 있다. 그 이유는 경기 주기가 매우 명확한 패턴을 따르기 때문이다. 가령 경기가 심한 불경기 상태라면 다음 국면은 상승이 될 것이다. 상승 국면은 보다 적극적인 투자를 시작하기에 좋은 때다. 이 지식을 업종 순환에 대한 이해와 결합하면 전반적인 경기 상태와 무관하게 수익을 올리는 데 도움이 된다.

업종 펀드투자

업종 펀드에 투자하면 포트폴리오를 분산하고 업종 순환을 활용할 수 있다. 이 뮤추얼펀드는 단일 업종(기술이나 의료 등)에 투자하며, 때로 보다 초점을 맞춘 하위 업종(전자나 제약 등)에 투자하기도 한다. 업종 펀드는 보다 폭넓은 뮤추얼펀드보다 더 많은 위험에 투자자를 노출시키지만, 더 높은 수익률을 안길 수 있다. 이 문제는 뮤추얼펀드를 다룰 때 자세히 살필 것이다.

업종 순환은 경기 주기가 진행되는 동안 수익성이 다른 업종으로 이동하는 것을 말한다. 다른 업종은 경기 주기의 다른 위치에서 번창한다. 기본적인 업종은 태엽장치처럼 경기 주기를 따르기 때문에 예측성이 매우 높다. 가령 유틸리티 업종 및 서비스 업종은 경기 하강 국면 동안 이익을 잘 올리는 경향이 있다. 또한 하강 국면이 전면적인 불경기로 이어지면 기술, 경기순환주, 산업 업종이 번창하기 시작한다. 경기가 회복 국면으로 돌아서기 시작하면 원자재와 에너지 업종이 최고의 실적을 올린다. 전면적인 호경기 동안에는 필수소비재 업종이 번창할 것이다. 이처럼 지금 경기가 어느 국면에 있는지 알면 다음에 어느 국면으로 갈지 알 수 있으며, 어떤 업종이 번창할지 합리적으로 예측할 수 있다.

모든 것을 위한 지수

금융 전문가들은 투자를 얼마나 잘하고 (또는 못하고) 있는지 측정하기 위해 벤치마크benchmark를 참고한다. 이 벤치마크는 지수라고 불리며, 소형주부터 신흥국 채권까지 금융시장의 모든 업종을 포괄한다. 대다수 지수는 전반적인 시장이나 그 부문이 어떤 상태인지 말해주는 대표적인 투자상품의 무리 또는 표본으로 구성된다. 폭넓게 활용되는 일부 지수는 수천 개의 개별 종목을 반영하며, 다른 지수는 50개 이하의 종목을 반영한다.

다우존스산업평균지수(다우지수 또는 다우)는 전 세계에서 가장 두드러지는 주식 지수다. 이 지수는 「월스트리트저널」의 초대 편집자인 찰스 다우Charles H. Dow와 한때 그와 협력했던 에드워드 존스Edward Jones의 이름을 딴 것이다. 다만 존스는 지수를 만드는 데 중요한 역할을 하지는 않았다. 다우가 만든 지수는 최초로 공표된 시장의 측정치로 투자를 혁신했다. 다우를 구성하는 30개 종목은 모두 뉴욕증권거래소에서 거래되며 맥도날드, 코카콜라, 듀폰, 이스트만 코닥처럼 기반이 탄탄한 우량주 기업이다. 다우는 미국의 주식시장 전체를 모방하도록 만들어졌다. 그래서 오락, 자동차, 의료 제품, 금융 서비스 등 다양한 시장 부문을 대표하는 기업들로 구성되었다.

GE와 다우지수

제너럴일렉트릭General Electric은 1896년에 만들어진 초기 다우존스산업평균지수에 포함되었으며, 지금도 여전히 포함되어 있는 유일한 기업이다. 하지만 항상 포함되었던 것은 아니다. 즉, 1898년에 탈락되었다가 1899년에 재편입되었고, 1901년에 재탈락되었다가 1907년에 재편입되었다.

다우지수는 대다수 지수가 가중치를 부여하는 기준으로 삼는 시가총액이 아니라 주가에 따라 30개 구성 종목에 가중치를 부여한다. 기본적으로 다우지수는 전체 종목의 주가를 더한 다음, 주식분할을 반영한 상태에서 종목 수로 나누어 산출한다. 기억해야 할 요점은 각 기업이 동일한 영향력을 지닌다는 것이다.

일부 지수는 시가총액에 따라 가중치를 부여한다. 즉, 시장가치가 큰 종목일수록 더 많은 비중을 차지한다. 가령 500개 종목으로 구성되는 스탠더드앤드푸어스Standard&Poor's, S&P를 보자. 흔히 S&P 500으로 불리는 이 지수는 전문 투자자들이 폭넓게 활용하는 벤치마크다. 500개 구성 종목 중에서 400개는 산업주, 20개는 운송주, 40개는 유틸리티주, 40개는 금융주다. S&P 500은 일부 장외주도 있지만 주로 뉴욕증권거래소에 상장된 종목들로 구성된다.

러셀Russell 2000 지수는 소형주 시장을 포괄하며, 시장의 소형주 부문에 속하는 기업들의 주가를 반영한다. 소형주는 시가총액이 3억 달러에서 20억 달러 사이인 종목을 말한다. 러셀 2000은 러셀 3000에 편입된 하위 2,000개 소형주의 주가를 반영하는 하위 지수다.

다른 지수는 각 종목을 동등하게 대한다. 밸류라인 지수Value Line Index는 뉴욕증권거래소, 전미증권업협회National Association of Securities Dealers Automated Quotations, NASDAQ, 장외시장에서 거래되는 1,700개 종목의 주가를 동일한 가중치로 반영한다. 이 지수는 시장의 바로미터 역할을 하기 때문에 전반적인 시장의 상태를 알려주는 최고의 척도이자, 모든 투자자에게 필수적인 모니터링 수단으로 폭넓게 간주된다.

증권거래위원회SEC
시장의 감시자

본격적으로 투자를 하다 보면 반드시 이름을 듣게 되는 기관이 있다. 바로 증권거래위원회Securities and Exchange Commission, SEC다. 증권거래위원회는 주식시장을 감시하는 정부 규제기관 중 하나다.

대공황 동안인 1934년, 의회는 증권거래법을 통과시켰다. 그에 따라 증권거래위원회가 만들어졌다. 이 법은 자본시장에 대한 신뢰를 회복하기 위한 의도로 제정되었다. 그래서 명확한 규정을 수립하고, 증권거래위원회에 증권산업을 규제할 수 있는 권한을 부여했다. 기본적으로 증권거래위원회는 불법적인 활동이 일어나지 않도록 증권산업을 감시한다. 그들은 이 막중한 임무를 수행하기 위해 증권사, 투자자, 상장사에 대해 엄격한 기준을 정한다. 미국의 거래소에서 주식이 거래되는 모든 기업은 증권거래위원회에 등록해야 한다.

증권거래위원회의 주된 목표는 주식시장을 정직하고 공정하게 유지하여 투자자를 보호하는 것이다. 그들이 이 목표를 달성하는 한 가지 방법은 투자자들이 정보에 바탕한 결정을 내릴 수 있도록 상장사가 정확한 정보를 충분히 공개하도록 만드는 것이다. 주식시장에서 주식이 거래되는 모든 기업은 일련의 보고서를 지속적으로 제출해야 한다. 거기에는 해마다 감사를 거쳐서 제출하는 재무제표도 포함된다. 증권거래위원회는 상장사를 면밀하게 감시하는 것에 더해 주식 거래와 관련된 모든 기업과 투자 자문을 제공하는 모든 전문가도 규제한다.

내부자 거래는 증권거래위원회가 담당하는 가장 폭넓게 알려진 사안 중 하나다. 내부자 거래는 대중에게 공개되지 않은 비밀 정보를 토대로 상장 주식을 매매하는 것을 말한다. 이런 정보는 모두에게 주어지지 않기 때문에 내부자는 부당한 이점을 누리게 된다. 내부자 거래는 눈에 확 띄는 헤드라인을 만든다(마사 스튜어트Martha Stewart, 엔론En-ron, 월드콤WorldCom을 생각해보라). 하지만 흥미로운 기사는 투자자들이 손실을 회복하는 데 도움이 되지 않는다.

증권거래위원회 집행국

증권거래위원회의 집행국은 그 명칭대로 일한다. 즉, 연방 증권법이 제대로 지켜지도록 한다. 그들은 범법 소지가 있는 사안을 조사하여 법을 따르지 않았다는 사실이 밝혀지면 문제를 바로잡도록 권고한다.

가장 중요한 사실은 증권거래위원회가 투자자를 위한 기관이라는 것이다. 그들은 투자자를 사기로부터 보호하고, 신뢰할 만한 정보를 제공하며, 투자자가 이용하는 증권사를 감독한다. 증권거래위원회의 웹사이트에는 에드가EDGAR: Electronic Data Gathering(전자 데이터 수집), Analysis(분석), and Retrieval(탐색)라는 특별한 항목이 있다. 거기로 들어가면 1994년부터 상장사들이 제출한 모든 기업 보고서(10-K와 10-Q)의 완전한 데이터베이스를 볼 수 있다. 또한 당신이 투자하려고 생각하는 모든 기업에 대한 정보를 아주 쉽게 검색할 수 있다. 그러니 투자하기 전에 가장 먼저 방문하라.

추가 정보

증권거래위원회는 해당 웹사이트www.sec.gov에서 누구나 의심스러운 활동을 조사할 수 있는 기회를 제공한다. 또한 무료 투자 정보, 최신 민원 검색, 1-800-SEC-033을 통한 수신자 부담 정보 제공 서비스를 비롯한 폭넓은 공공 서비스를 제공한다.

글로벌 경제
거대한 시장

지난 20~30년 동안 일어난 가장 중요한 일 중 하나는 정보 혁명이다. 현재 정보가 세상을 순환하는 속도는 국경이 사실상 제거되는 수준에 이르렀다는 의미다. 토머스 프리드먼Thomas Friedman이 그의 유명한 저서에서 말한 대로 "세계는 평평하다."

이 모든 변화는 투자 그리고 당신이 참여하는 투자시장의 분위기에 영향을 미친다. 투자는 진공 상태에서 이루어지지 않는다. 미국의 주식시장에서 일어나는 일은 세계적인 영향력을 지닌다. 미 국채의 금리 변동은 바다 건너편의 채권시장에 영향을 미칠 수 있다. 미국 경제의 하강은 거의 즉시 전 국가에 타격을 입힌다. 그 반대의 경우도 마찬가지다. 전 세계에서 일어나는 중대한 변화는 미국의 주식, 채권, 원자재, 외환시장에 영향을 미친다.

전 세계에서 올리는 수익

동시에 세계 시장의 폭은 넓기 때문에 사실상 언제나, 어디에선가는 수익을 낼 수 있다. 선진국 경기가 부진할 때 신흥국 경기가 살아나기 시작할 수 있다. 한 지역에서 발생한 자연재해는 다른 지역의 경기를 활성화할 수 있다. 또는 피해의 유형과 규모에 따라 부족과 지체를 초래할 수 있다.

게다가 인터넷은 세상을 훨씬 작은 곳으로 만들었다. 이제 우리는 지구 반대편에서 일어난 일을 즉시 알 수 있다. 또한 아시아나 유럽의 주가가 몇 포인트 상승하거나 하락하는 순간, 바로 알 수 있다. 광범위한 국제교역으로 다른 나라의 통화가치가 상승하거나 하락할 때 달러도 영향을 받을 수 있다.

이 모든 사실은 투자자에게 영향을 미친다. 개별 종목, 고정수익증권fixed-income security, 뮤추얼펀드, 부동산 또는 보다 희귀한 금융상품 등 어디에 투자했든 간에 전 세계에서 일어나는 사건의 영향을 느낄 수 있다. 때로는 즉시, 때로는 천천히. 과거에는 해외 주식투자자들만 해외 및 글로벌 경제에 관심을 가졌다. 지금은 모든 투자자가 전 세계에서 어떤 일이 일어나고 있는지 알고 이해해야 한다. 모든 투자자가 그 영향을 받기 때문이다.

외국 기업 아니면 미국 기업?

주식을 살 때 조사해야 할 사항 중 하나는 해당 기업이 미국 기업인지 외국 기업인지 여부다. 외국 기업에 투자한다고 해서 잘못된 것은 아니다. 다만 그럴 경우 누가 그 기업을 소유하고 있는지, 그리고 그 기업이 어디에 있는지에 따라 위험도가 높아질 수 있다.

007 COMPANY FUNDAMENTALS

기업의 펀더멘털
기본적인 사항 살피기

어떤 기업의 주식을 사는 것은 그 회사의 일부를 사는 것이다. 그래서 다른 물건을 살 때와 마찬가지로 무엇을, 왜 사는지 알아야 한다. 즉, 리서치research를 해야 한다. 많은 사람이 이 부분을 좋아하지 않는다. 너무 많은 노력이 필요한 것처럼 느껴지기 때문이다. 하지만 리서치는 투자 포트폴리오를 구축하는 일에 있어서 결실을 안겨주는 필수적인 측면이다.

대부분의 교육자는 모든 학습의 75%는 숙제를 하면서 이루어진다고 말한다. 투자의 경우도 마찬가지다. 투자에 관심이 있다면 리서치, 분석, 조사를 비롯한 숙제를 해야 한다. 당신이 보유한 종목을 인터넷에서 검색하여 해당 기업과 관련된 뉴스가 올라왔는지 확인하라. 회사에서 내는 소식지와 연례 및 반기 보고서를 읽고, 증권사에 해당 기업과 관련하여 새로운 재료가 있는지 물어라. 이렇게 숙제를 하면 인내심과 느긋함을 갖춘 투자자가 될 가능성이 커진다.

사는 것을 알고, 아는 것을 사라

소비자가 누리는 혜택 중 하나는 매일 제품과 서비스를 평가하는 일을 할 수 있다는 것이다. 당신은 무엇을 살지 결정하기 전에 여러 선택지를 꼼꼼하게 조사해야만 최선의 결과를 얻을 수 있다는 사실을 배웠다. 어쩌면 당신은 근래에 손에서 내려놓을 수 없는 새 전자기기를 사거나, 아이들이 설탕을 덜 섭취하도록 시리얼 브랜드를 바꾸거나, 부작용 없이 몸을 건강하게 해주는 새로운 약을 먹기 시작했을지 모른다. 투자 결정을 할 때도 이런 경험을 활용할 수 있다.

직접 관찰은 귀중한 통찰을 얻는 또 다른 수단이다. 근래에 일본을 여행할 때 사람들이 코카콜라 신제품을 마시는 모습을 많이 보았는가? 좋아하는 식당에서 계산하려고 기다리는 동안 많은 사람이 아메리칸 익스프레스 카드를 꺼내는 모습을 보았는가? 투자자의 숙제 중 하나는 주위에서 두드러지게 눈에 띄고 사람들이 많이 쓰는 제품과 서비스가 무엇인지 확인하는 것이다.

다른 사람들이 주는 투자 정보를 피하라

투자 초기의 심사숙고는 장기적으로 결실을 맺을 가능성이 크다. 안타깝게도 많은 사람이 이발사나 친구 또는 수위에게 들은 투자 정보를 통해 투자의 세계에 들어선다. 쉽게 돈을 벌 수 있는 길은 사실상 없다. 그냥 주워들은 정보 때문에 주식투자에 뛰어들면 돈을 잃기 십상이다.

어떤 투자 스타일을 선택하든지 간에 결정의 토대가 될 정보를 얻을 곳이 필요하다. 요즘은 인터넷보다 나은 출발지가 없다. 인터넷에서는 최고의 투자 정보를 실시간으로, 대개 무료로 쉽게 얻을 수 있다. 남녀노소를 막론하고 갈수록 많은 사람이 웹사이트에서 도움을 얻으면서 비싼 수수료를 내야 하는 투자 자문에 대한 의존도를 줄이고 있다. 투자 대상 기업의 홈페이지에 더하여, 해당 기업과 관련된 심도 있는 데이터를 제공하는 수십 개의 사이트와 실시간 호가를 제공하는 더 많은 사이트가 있다.

양질의 시장 조사 보고서는 얼마든지 구할 수 있다. 당신이 할 일은 어떤 자료가 당신의 필요에 가장 잘 맞는지 판단하는 것이다.

연례 보고서를 읽어라

재무 보고서를 읽을 때 대다수 사람은 끝없이 이어지는 숫자를 좀처럼 자세히 살피지 않는다. 기업들은 이 점을 활용하여 연례 보고서를 윤기 나는 컬러사진과 요란한 설명으로 채운다. 많은 사람이 무겁고 윤기 나는 보고서가 성공적인 한 해를 말해준다고 생각한다. 하지만 거기에 담긴 수치는 완전히 다른 이야기를 들려줄지도 모른다. 숫자에 익숙해지는 것은 당신에게 달린 일이다. 숫자에 익수해지면 기업이 현재 얼마나 성공하고 있는지에 대해 풍부한 정보를 찾을 수 있다.

> **투자 체크리스트를 만들어라**
>
> 투자자라면 고려 중인 주식을 평가할 때 리서치 체크리스트를 활용해야 한다. 연례 보고서, 재무제표, 동종 기업 비교 자료, 현재 뉴스를 살펴라. 투자 결정을 내리기 전에 해당 정보를 분석하라. 주주가 된 후에는 보도자료, 재무제표, 신중한 주가 모니터링을 통해 주요한 정보에 대한 필요를 충족할 수 있다.

이미 주주가 되었다면 해마다 자동으로 연례 보고서를 받는다. 아직 투자하지 않았어도 해당 기업에 연락하여 요청하거나 온라인으로 볼 수 있다. 연례 보고서는 회사마다 다르며, 편집 순서도 다르다. 다만 모든 상장사의 연례 보고서는 다음과 같은 기본적인 항목을 담는다.

- 이사회 의장의 편지(상당한 포장을 예상하라.)
- 회사의 제품 및 서비스 소개(더 많은 포장)
- 재무제표(각주를 꼼꼼하게 읽어라. 일부 핵심적인 내용이 담겨 있다.)
- 경영진의 말(약간의 포장이 가미된 회사에 대한 큰 그림)
- 공인회계사의 감사의견서(회사의 재무 상황이 정확하게 제시되었는지 확인하기 위해 이 부분을 읽어라.)
- 기업 정보(위치, 임원 이름, 연락처)
- 과거 주식 데이터(배당 기록 및 배당금 재투자 계획 프로그램 정보)

주식을 분석하는 두 가지 검증된 방식

투자자는 대개 두 가지 종목 선정 기법 중 하나를 선호한다. 그것은 기술적 분석과 펀더멘털 분석이다. 기술적 분석은 주가와 그 변동만 살피며, 차트와 그래프를 활용하여 패턴을 파악한다. 초보 투자자들이 보다 많이 활용하는 펀더멘털 분석은 재무제표와 실적에 초점을 맞춰서 기업 자체를 분석한다. 노련한 투자자는 최적의 결과를 얻기 위해 거래 결정을 내릴 때 두 기법을 혼합한다. 가령 펀더멘털이 좋아도 주가 추세가 지지부진한 것은 곧 문제가 생길 수 있음을 말해준다.

기술적 분석은 과거의 주가와 거래량 패턴을 보여주는 차트와 그래프에 초점을 맞춘다. 기술적 분석가들이 역사적으로 반복된다고 말하는 많은 패턴이 있다. 이를 이용한 투자법은 완료되기 전에 패턴을 파악하고 해당 패턴이 주가의 향방을 가리키는 대로 매매하는 것이다. 이 기법을 활용하는 사람은 과거의 주가 추세를 분석하면 미래의 주가를 예측할 수 있다고 믿는다. 그들은 주로 주가 동향을 토대로 거래한다. 또한 펀더멘털 분석가들보다 훨씬 많이 매매하는 경향이 있다.

펀더멘털 분석은 주식을 평가하기 위해 오랫동안 활용된 방식이다. 이 기법은 이익을 내는 회사의 능력을 분석하고, 총자산이 지니는 가치를 평가하는 작업을 수반한다. 가치투자와 성장 투자는 펀더멘털 분석의 두 하위 요소다. 펀더멘털 분석 지지자들은 기업이 성장하면 주가가 오를 것이라고 믿는다. 그들은 영업이익, 배당, 장부가치를 모두 분석하며, 대개 장기 보유 접근법을 따른다. 또한 잘 경영되는 우량 기업의 주식은 장기적으로 더 많은 가치를 지닐 것이라고 본다.

훌륭한 기업의 5가지 특징

소수의 기업으로 초점을 좁혔다면 더욱 세밀한 리서치가 필요하다.

특정한 주식을 사는 주된 이유 중 하나는 미래의 전망이다. 주식을 사서 오래 보유하는 것은 현명한 일이다. 따라서 기업의 질을 따지는 것은 투자 전략의 중요한 부분이다. 여러 요소 중에서 다음과 같은 속성을 지닌 기업의 주식을 사야 한다.

1. **견실한 사업 모델:** 탄탄한 사업계획과 향후 어디로 나아가야 하는지에 대한 좋은 이해, 거기에 이르기 위한 계획을 가진 기업을 골라야 한다. 명확한 초점을 가진 기업은 확고한 계획 없이 무작정 굴러가는 기업보다 목표에 도달하고 성공할 확률이 높다.

2. **탁월한 경영팀:** 노련하고, 혁신적이고, 진보적인 경영팀은 회사를 미래로 이끌 최선의 가능성을 지닌다. 스타 경영자는 자신이 맡은 기업에 커다란 영향을 끼쳤다. 새로운 경영팀이 합류한 후 기업에 극적인 변화가 생긴 경우도 많다. 또한 핵심 경영자가 떠나면 사업 운영 방식이 크게 바뀌는 경우도 많다.

3. **상당한 시장 점유율:** 대다수 소비자가 특정 기업의 제품이나 서비스에 의존하는 경우, 해당 기업은 소비자가 무엇을 선호하는지 잘 파악하고 있을 가능성이 크다. 산업을 선도하는 기업은 대개 잘 다듬어진 비전을 갖고 있다. 하지만 실적이 매우 좋다고 해서 반드시 최고의 종목인 것은 아니다. 경쟁자가 많은 시장은 신중하게 살필 필요가 있다. 2등 기업이 최고의 투자 대상인 경우도 있다.

4. **경쟁우위:** 동종 기업보다 앞서가는 기업은 마케팅과 기술 분야에서 최신 추세와 업계의 변화를 이끄는 경우가 많다. 경쟁업체보다 한발 앞서가는 (그리고 계속 선두를 유지할) 기업을 골라야 한다.
5. **신제품:** 연구개발에 높은 우선순위를 두는 기업은 성공적인 제품을 출시할 가능성이 크다. 제품이나 서비스가 성공하면 주가가 상승할 가능성이 크다.

특정 기업의 미래가 유망해 보인다면, 즉 해당 기업이 이런 속성을 꾸준히 드러내면서 행동으로 옮긴다면 지분을 보유하는 것이 사업적 측면에서 타당할 것이다.

처음 시작하는 이들을 위한 최소한의 주식투자 이해하기

CHAPTER 2

주식이란 무엇인가?

이제 주식의 의미부터 주식의 유형, 포트폴리오에서 주식이 갖는 의미까지 주식에 대한 모든 것을 배울 때가 되었다. 장기 투자자들은 시간의 시험을 견뎌낸 기업에 투자한다. 단기 투자자들은 보다 적극적인 접근법을 취한다. 다시 말해서 기업의 실질적인 가치보다 주가 변동을 더 중시한다. 어떤 전략을 적용하든 간에 이면의 규칙은 같다. 즉, 거래하기 전에 무엇을, 왜 사는지(또는 파는지) 알아야 한다.

주식 매수의 의미

기업의 지분을 얻는 것

주식을 산다는 것은 해당 기업을 사는 것이다. 이는 세계에서 가장 성공한 투자자 중 한 명인 워런 버핏의 투자관이다. 그의 투자 철학은 분명히 주목할 가치가 있다. 주식을 사면 실제로는 해당 기업의 지분을 사게 된다. 해당 기업을 갖고 싶은 마음이 없다면 그 일부라도 사기 전에 재고하는 것이 좋다. 이런 사고방식을 가지면 투자할 기업을 고를 때 훨씬 더 신중해질 것이다.

주식 매수를 고려 중인 기업을 속속들이 파악하는 것이 중요하다. 어떤 제품 또는 서비스를 제공하는가? 어떤 사업 부문이 매출에서 가장 큰 비중을 차지하는가? 어떤 사업 부문이 매출에서 가장 작은 비중을 차지하는가? 사업이 지나치게 분산되지 않았는가? 경쟁업체는 어디인가? 회사의 제품에 대한 수요가 있는가? 업계를 선도하는가? 인수합

병이 진행 중인가? 해당 기업이 무엇을 하고, 얼마나 잘하는지 알기 전
까지는 투자 결정을 미루는 것이 현명하다.

알트리아그룹 Altria Group

이전에 필립모리스 Philip Morris로 알려졌던 알트리아그룹은 주로 담배 제품
과 관련이 있지만, 자회사에서 생산하는 인기 맥주에서도 이익을 낸다. 이 회
사는 밀러 맥주를 만드는 사브밀러브루잉 SABMiller Brewing의 지분 28.5%를
보유하고 있다. 또한 대형 자산에 대한 융자 및 임대 사업을 하는 필립모리스
캐피털 Philip Morris Capital도 보유하고 있다.

기업의 가치를 따져라

당신이 고향에서 마트를 매수하려 한다고 가정하자. 당신은 재고,
직원의 질, 고객 서비스 프로그램 같은 요소를 검토했다. 이 마트는 식
료품을 판매할 뿐 아니라 비디오 대여점과 주유소까지 겸하고 있다. 식
료품 부문은 전체 매출에서 작은 비중을 차지한다. 이 마트가 이익을
올릴 수 있는 잠재력을 완전하고 정확하게 파악하려면 각 사업 부문의
가치를 따로 평가하는 것이 좋다. 과거에는 특정 사업과 연계되었지만
완전히 새로운 부문으로 사업을 확장한 기업이 많다.

가령 디즈니는 역사적으로 디즈니랜드 및 디즈니월드 테마파크와 연계되었다. 하지만 사실은 일련의 다른 사업도 운영하고 있다. 이 다면적인 기업은 터치스톤픽쳐스Touchstone Pictures와 미라맥스필름즈Miramax Films를 비롯한 영화사 및 방송사를 보유하고 있다. 가령 자회사인 ABC 산하에는 ABC 방송뿐 아니라 다른 수많은 방송사가 있다. 또한 ABC는 ESPN과 소프넷SOAPnet 같은 여러 케이블 방송의 지분도 갖고 있다.

투자로 돈을 벌려면 노력이 필요하다는 사실을 알아야 한다. 더 많은 리서치를 하고 전략을 더 많이 숙고할수록 보상을 얻을 가능성이 커진다. 투자의 세계에서는 어떤 것도 보장되지 않는다. 하지만 공부를 통해 현명한 투자 결정을 내리면 성공 확률이 높아진다. 투자를 하면 상장사에 당신의 돈을 넣게 된다. 즉, 일반인으로서 해당 기업의 지분을 갖게 되는 것이다. 주식을 종종 '지분equity'이라고 부르는 이유가 여기에 있다.

주식의 유형

보통주는 대중에게 판매되는 주식이며, 해당 기업에 대한 소유권을 구성한다. 보통 주식 매매라고 하면 보통주를 말하는 것이다. 우선주는 조금 달라서 해당 기업에 대한 소유권을 나타내기는 하지만 보통주보다는 채권에 보다 가까운 특징을 갖고 있다.

처음 시작하는 이들을 위한 최소한의 주식투자 이해하기

기업의 규모는 다양하다. 당신은 엄청나게 성공한 대기업에 투자할 수도 있고, 성장 잠재력을 드러내기 시작한 중소기업에 투자할 수도 있다. 또한 기존 기업의 주식을 선호하는 사람도 있고, 보다 작은 성장 기업의 주식을 선호하는 사람도 있다.

어떤 유형의 기업이 당신의 전반적인 전략에 맞든지 간에 매수하려는 모든 종목을 조사하는 것이 중요하다. 단지 수십 년 동안 존재한 기업이라고 해서 최선의 투자 대상은 아니다. 게다가 기업은 언제나 변한다. 따라서 당신이 검토하는 것이 최신 정보인지 확인해야 한다. 또한 이제는 인수합병이 흔해졌기 때문에 매수를 고려하는 기업이 인수합병 과정에 있거나, 계획하고 있는지 반드시 확인해야 한다.

해당 기업의 시가총액, 즉 유통되는 전체 주식의 시장가치를 파악하라. 시가총액을 계산하려면 유통 주식 수에 현재 주가를 곱하면 된다. 유통 주식 수는 주식시장에서 거래되는 주식의 수를 말한다.

주식거래소
매매의 중심

1990년대에 개인투자자가 투자의 세계에서 중요한 참가자가 되어간다는 사실이 명확해졌다. 온라인 투자가 활성화되고, 매매가 더욱 쉬워지고 저렴해지면서 소규모 투자자들이 미국의 양대 주식시장(뉴욕증권거래소와 나스닥)에서 적극적으로 투자하고 있다.

거래소
일반적으로 주식시장이라고 하면 뉴욕증권거래소NYSE와 나스닥을 말한다. 보스턴, 시카고, 필라델피아, 덴버, 샌프란시스코, 로스앤젤레스 같은 다른 도시뿐 아니라 런던과 도쿄 같은 국제적인 금융 중심지에도 거래소가 있다.

국내외의 경쟁은 주식 거래를 모든 투자자에게 더욱 투명하고 수월하게 만든다. 각 주식시장이 어떻게 운영되는지, 당신을 끌어들이기 위해 어떻게 경쟁하는지 알면 투자 세계에서 성공하는 데 도움이 된다.

뉴욕증권거래소

공식 명칭은 NYSE 유로넥스트NYSE Euronext인 뉴욕증권거래소(업계에서는 '빅 보드the Big Board'라고 불림)에는 월마트, GE, 맥도날드 같은 유력 기업들이 상장되어 있다. 빅 보드는 중소기업의 주식을 거래하지 않는다. 뉴욕증권거래소에 상장하려면 최소한 유통 주식 수가 110만 주 이상, 시가총액은 1억 달러 이상이어야 한다. 또한 최근 3년 동안 세전이익이 1,000만 달러 이상, 최근 2년 동안 순이익이 200만 달러 이상이어야 한다. 회원권 가격도 저렴하지 않다. 최저 가격은 1871년의 2,750달러, 최고 가격은 2005년 12월에 기록된 400만 달러다.

미국에서 가장 오래된 증권거래소인 뉴욕증권거래소는 뉴욕시 금융가에 3,345m^2의 넓이로 자리하고 있다. 뉴욕증권거래소는 2007년에 유럽증권거래소인 유로넥스트와 합병하여 NYSE 유로넥스트를 만들었다. 이는 전 세계 투자계에 새로운 이정표였다. 이후 뉴욕증권거래소는 하루에 50억 주 이상을 거래하면서 신기록을 세웠다. 2007년 8월

15일에 기록된 유례 없는 거래량은 무려 57억 9,979만 2,281주였다.

뉴욕증권거래소는 거기에 만족하지 않고 2008년에는 아메리칸증권거래소American Stock Exchange, AMEX, 아멕스를 인수했으며, 2009년 초부터 완전히 통합된 거래를 시작했다. 현재 NYSE MKT라고 불리는 이 통합 거래소는 옵션과 ETF, 그리고 기타 특수 증권을 비롯한 폭넓은 상품을 다룬다.

나스닥

1971년 2월에 처음 출범할 때 나스닥에 상장된 기업은 250개뿐이었다. 나스닥은 세계 최초의 온라인 주식시장으로 문을 열면서 유명해졌다. 또한 1996년에 하루 거래량이 5억 주를 넘어서면서 새로운 이정표를 세웠다. 현재 나스닥은 약 3,200개의 기업이 상장된 번듯한 주식시장이며, 앞으로도 더욱 성장할 전망이다. 미국의 전체 주식시장 가운데 나스닥(현재 공식 명칭은 나스닥 OMX 그룹)에서 가장 많은 신규 상장IPO이 이루어진다.

나스닥은 성장하는 신생 기업에게 매력적이다. 주된 이유는 상장 요건이 뉴욕증권거래소보다 덜 엄격하고, 비용이 훨씬 저렴하기 때문이다. 당연히 많은 기술 기업과 생명공학 기업이 나스닥에 상장되어 있다. 이런 기업들은 대개 공격적인 성장 기업의 범주에 속한다. 실제로 나스닥에서 거래되는 IT 부문 기업의 시가총액은 2조 달러 이상이다.

나스닥은 경매 방식을 따르는 뉴욕증권거래소와 달리 시장 조성자market maker로 불리는 600여 개의 중개업체를 활용한다. 이 시장 조성자들은 나스닥의 복잡한 네트워크를 통해 서로 경쟁하면서 최고 매수/매도호가 또는 시세를 제시한다. 이런 과정을 통해 전 세계에 걸친 매수 주문과 매도 주문이 체결된다. 나스닥 중개업체들은 (바로 거래가 되도록) 유동성을 제공하여 주식 매매를 더욱 수월하게 만들어준다.

나스닥의 온라인 매매

나스닥은 장외시장이다. 즉, 거래장이 아니라 전화나 컴퓨터 네트워크를 통해 거래가 이루어진다. 나스닥은 또한 세계에서 가장 큰 주식시장으로서 하루 평균 거래량이 다른 어떤 거래소보다 많다.

배당
이익의 수확

배당은 기업이 주주에게 지급하는 돈이다. 배당은 주가에 기반하지 않는다. 단지 기업이 양호한 이익을 거두어서 주주들에게 보상하는 것이다. 이익의 규모에 따라 이사회는 배당 지급 여부와 시기를 결정한다. 배당은 대개 소득을 바라는 투자자에게 가장 중요하다. 그래서 배당을 지급하는 종목을 소득주라고 한다. 대다수 기업은 분기마다 배당을 지급하며, 여건에 따라 일회성 특별 배당이 이루어지기도 한다.

'유통 주식'이라는 용어는 기업이 직원을 비롯한 일반 대중을 상대로 발행한 주식의 수를 말한다. 투자를 시작할 때는 유통 주식 수가 적어도 500만 주 이상인 기업을 찾는 것이 좋다. 이는 해당 종목이 많이 거래된다는 뜻이다. 그래서 보유 주식을 매도하고자 할 때 바로 매도할 수 있다. 다른 한편으로는 유통 주식이 많으면 각 주주에게 돌아가는 배당이 적어진다(어차피 나누어줄 돈은 정해져 있다). 따라서 꾸준한 소득을 원한다면 이 점을 고려해야 한다.

총수익률

대다수 주식투자자는 배당이 아닌 가격 변동을 기준으로 손익을 따지는 경향이 있다. 반면 채권투자자는 이자 수익을 따질 뿐, 가격 변동에 초점을 맞추는 경우는 드물다. 두 접근법은 모두 불완전하다. 소득을 바란다면 배당 수익이 더 중요할 수 있다. 또한 성장주는 가격 변동이 핵심이다. 하지만 모든 주식투자에 있어서 총수익률이 매우 중요하다. 어떤 종목에 대한 총수익률을 알면 주식투자를 회사채, 지방채, 국채, 뮤추얼펀드, 단위투자신탁unit investment trust 같은 다른 유형의 투자와 비교할 수 있다.

총수익률을 계산하는 방법은 지난 12개월 동안의 주가 상승분과 배당금을 더한 다음(주가가 하락한 경우 빼면 된다) 해당 기간의 시초가로 나누는 것이다. 가령 당신이 어떤 종목을 주당 45달러에 매수했고, 이후 12개월 동안 1.5달러를 배당으로 받았다고 하자. 12개월 후 주가는 주당 48달러다. 이 경우 총수익률을 계산하면 다음과 같다.

배당: 1.5달러

주가 변동: 주당 3달러 상승

1.5달러 + 3달러 = 4.5달러

4.5달러 ÷ 45달러 = 0.1

따라서 총수익률은 10%다.

이번에는 주가가 12개월 후 주당 44달러로 떨어졌다고 가정하자. 이 경우 총수익률을 계산하면 다음과 같다.

배당: 1.5달러

주가 변동: 주당 1달러 하락

1.5달러 - 1달러 - 0.5달러

0.5달러 ÷ 45달러 = 0.011

따라서 총수익률은 1.1%에 불과하다.

배당 분석

배당을 받으려면 이사회가 배당을 결정한 배당기준일에 해당 종목을 보유하고 있어야 한다. 현재 배당금을 지난 5년 동안의 배당금과 비교하라. 배당금이 줄어들었다면 사업 확장을 계획하고 있을지 모른다. 해당 기업의 주된 목표가 성장이라면 배당금이 아주 적거나 없을 수 있다.

주식의 종류
매수 대상

우량주는 평판이 좋고 확고한 입지를 구축하여 사실상 누구나 아는 상
장사의 주식이다. 주로 대형주로 구성된 우량주 부문에는 제너럴 일렉
트릭(뉴욕증권거래소: GE), 맥도날드(뉴욕증권거래소: MCD), 월마트(뉴욕
증권거래소: WMT) 등이 포함된다. 다수의 우량주 기업은 25년 넘게 존
재해왔으며, 여전히 해당 산업을 선도한다. 또한 대부분 탄탄한 실적을
자랑하기 때문에 보수적으로 종목을 선정하는 방법을 배우려는 사람
에게 좋은 투자 대상이다.

성장주

성장주는 이름에서 알 수 있듯이 강력한 성장 잠재력을 지닌 기업의 주식이다. 이 범주에 속하는 많은 기업의 매출, 순이익, 시장 점유율은 전반적인 경제보다 빠르게 성장한다. 성장주 기업은 대개 연구개발을 중시한다. 그래서 이익이 나면 주주에게 배당으로 지급하지 않고 바로 재투자하는 경우가 많다.

장기적 성장

1990년 1월에 월마트 주식 100주를 매수하려면 533달러가 필요했다. 1995년 1월 기준으로 월마트 주식 100주의 가치는 1,144달러다. 100%가 넘는 수익을 거둔 것이다. 또한 2014년 1월 기준으로 월마트 주식 100주의 가치는 8,140달러다. 이는 원래 매수가보다 10배 이상 큰 금액이다.

성장주는 우량주보다 위험할 수 있다. 그러나 많은 경우 더 큰 보상을 안겨주기도 한다. 일반적으로 성장주는 강세장(주가가 전반적으로 상승할 때)에서 최고의 상승률을 기록한다. 반면 가치주는 약세장(주가가 전반적으로 하락할 때)에서 최고의 상승률을 기록한다. 다만 최고의 상승률이 보장된 것은 아니다. 타당한 수준보다 빠르게 주가가 상승하는 종목을 조심해야 한다. 때로 모멘텀momentum을 노리는 단기 투자자들이 성장주의 주가를 엄청나게 높은 수준까지 밀어올린 다음 매도하여 주가를 급락시키기도 한다.

"투자 훈련을 받지 않았고, 투자를 관리할 시간이 없는 아마추어 투자자도 성장 토양이 좋은 분야에서 잘 경영되는 기업을 골라 매수한 다음 더 이상 성장주의 정의를 충족하지 못한다는 사실이 명백해질 때까지 보유하면 준수한 성공을 거둘 수 있다."

_ T. 로우 프라이스T. Rowe Price

소득주

소득주는 투자자에게 꾸준한 소득을 제공한다. 소득주는 정기적으로 배당을 지급한다. 때로는 배당만으로 먹고살 수 있을 만큼 그 금액이 크다. 많은 소득주는 우량주 범주에 속한다. 그러나 다른 유형의 주식(가령 가치주)도 꾸준히 배당을 지급할 수 있다. 이런 주식은 고정 수익 포트폴리오에 추가하기 좋다. 주가 상승의 기회도 제공하기 때문이다.

우선주

우선주는 보통주와 비슷한 만큼 채권과도 비슷하다. 근본적으로 이 유형의 주식은 상환일이 정해져 있으며, 실적과 무관하게 고정 배당을 받는다. 기업의 사정이 어려울 때 우선주 보유자는 우선적으로 배당을 받는다. 또한 기업의 사정이 좋을 때 일부 우선주(참가적 우선주partici-pating preferred라고 함)는 실적에 따라 2차 배당을 받는다. 우선주 보유 자는 대개 보통주 보유에 따른 권리(가령 투표권)를 갖지 않는다. 그래 도 우선주는 소득을 중시하는 투자자의 경우 포트폴리오에 추가하기 좋다.

소형주, 중형주, 대형주

유통 주식 수가 3,000만 주이고, 현재 주가가 주당 20달러인 상장 사의 시가총액은 6억 달러가 된다. 시가총액에 따라 종목을 구분하는 몇 가지 방식이 있지만, 대개는 다음과 같이 구분한다.

- 대형주: 100억 달러 이상
- 중형주: 20억 달러에서 100억 달러 사이

- 소형주: 3억 달러에서 20억 달러 사이
- 초소형주: 3억 달러 미만

소형주 범주에는 초기의 성장통을 견뎌내고 부상하는 많은 중소기업이 포함된다. 그들은 이제 매출과 이익을 늘리면서 강력한 실적을 누린다. 오늘의 소형주가 내일의 선도기업이 될 수도 있고, 패자가 될 수도 있다. 전반적으로 소형주의 주가는 변동이 매우 심하고 위험하다. 소형주를 안전하게 포트폴리오에 추가하는 방법은 전문가가 운용하는 소형주 펀드에 가입하는 것이다. 그러면 특정 기업에 투자하는 데 따른 추가 위험 없이 폭발적인 수익을 올릴 가능성을 확보할 수 있다.

중형주는 이름 그대로 소형주보다 크고 대형주보다 작다.

대형주는 주식시장에서 가장 덩치가 큰 참가자다. 대형주 기업은 대개 소형주 기업보다 확고한 입지를 구축했으며, 안정된 매출과 이익을 거둔다. 또한 대부분의 경우 소형주 기업보다 덜 위험한 투자 대상이다. 다만 그 반대급부로 성장률이 느릴 수 있다. 대다수 투자자는 대형주를 장기간 보유한다. 거기에는 충분한 이유가 있다. 50여 년에 걸친 시장의 수익률을 분석해보면 대형주 장기 투자는 단기 투자보다 수익률은 약간 낮은 반면, 변동성은 훨씬 덜하다.

경기민감주, 경기방어주, 가치주, 동전주

추가 유형

실적이 경기 변화와 밀접하게 연계된 기업은 경기에 민감하다고 간주한다. 경기가 탄력을 받으면 해당 기업의 주식은 긍정적인 추세를 따른다. 반면 경기가 둔화하면 해당 기업의 주가도 하락한다. 경기민감주에는 유나이티드 항공(나스닥: UAL) 같은 종목이 포함된다.

반면 경기방어주는 대다수 경제 여건에서 시장이 어떤 상황이든 간에 비교적 안정적인 추세를 보인다. 이 범주에 속하는 기업으로는 식품 기업, 제약 기업, 유틸리티 기업이 있다. 대부분의 경우 이 기업들은 특정한 시기에 경기가 어떻든 간에 사람들에게 반드시 필요한 물건을 생산한다. 경기방어주에는 제너럴밀스(General Mills, 뉴욕증권거래소: GIS), 존슨앤드존슨(뉴욕증권거래소: JNJ) 등이 포함된다.

가치주는 순이익이나 배당, 매출 또는 다른 펀더멘털 요소를 고려
할 때 주가가 저렴해 보인다. 기본적으로 가치주에 투자하면 그 이상의
가치를 얻는다. 즉, 투자 가치가 높다. 투자자들이 성장주로 몰리면 가
치주는 소외되는 경향이 있다. 그래서 명민한 투자자에게 가치주는 더
욱 저렴해진다. 가치투자자는 많은 성장주의 주가에 비해 적당한 가치
주의 주가를 고려할 때 가치주가 최고의 투자 대상이라고 믿는다. 물
론 좋은 가치는 현재 주가에 많이 좌우된다. 지금은 투자 가치가 높아
도 다음 달에는 아닐 수 있다. 일반적인 가치투자 방법은 주당 장부가
치book value per share의 2배보다 낮게 거래되는 탄탄한 기업을 찾는 것
이다. (최소한 2009년 5월 기준으로) 높은 투자 가치를 지닌 종목의 예는
NYSE 유로넥스트다(맞다. 거래소 자체를 말한다). NYSE 유로넥스트의
주가순자산비율PBR은 0.94다.

동전주

동전주는 주가가 5달러 이하인 주식이다. 그나마 많은 경우 그만한 가치라도 지니면 다행이다. 대다수 동전주는 대개 실질적인 이익이나 매출을 올리지 못한다. 동전주에 투자하면 손실이 날 가능성이 크다. 이런 종목에 투자하고 싶다면 시간을 두고 진전을 이루고 있는지 지켜봐야 한다. 해당 기업에 대해 최대한 조사해보고, 주위들은 투자 정보에 현혹되지 마라.

동전주 기업은 자본이 부실하며, 증권거래위원회에 보고서를 제출할 필요가 없는 경우가 많다. 또한 장외시장에서 거래되며, 공개된 정보의 양도 한정되어 있다. 이는 그 자체로 우려할 만한 근거가 된다. 정보가 거의 또는 전혀 없는 종목에 돈을 넣으려는 기민한 투자자가 얼마나 될까? 그래도 여전히 동전주에 투자하는 사람들이 있다.

동전주 거래에서 가장 흥미로운(동시에 우려되는) 측면 중 하나는 중개업체가 제3자 역할만 하는 게 아니라 가격을 설정하고 거래 주체로 행동한다는 것이다. 동전주는 단일 가격이 아니라 여러 다른 가격으로 매매되는 경우가 아주 많다.

CHAPTER 3

채권, 뮤추얼펀드, ETF

주식이 유일한 투자 대상은 아니다. 투자할 수 있는 다른 많은 상품이 있다. 그중에서 가장 인기 있는 세 가지 상품은 채권, 뮤추얼펀드, 상장지수펀드exchange-traded fund, ETF다. 어디에 돈을 넣느냐는 개인적 스타일과 위험 감수도에 달려 있다. 가령 뮤추얼펀드의 장점은 근본적으로 다른 사람에게 당신의 돈을 대신 운용하도록 맡긴다는 것이다. 이 점은 다른 한편으로 장점이 아니라고 생각할 수도 있다. 다른 사람에게 투자에 대한 통제권을 넘기는 것을 좋아하지 않는다면 말이다. 지금부터 이 세 가지 투자상품의 장·단점을 살펴보도록 하자.

채권이란 무엇인가?

이자를 받고 돈을 빌려주는 상품

채권은 주식과 완전히 다른 자산군의 일부다. 채권시장은 주식시장과 마찬가지로 전 세계의 경제적, 정치적 추세에 크게 영향받는다. 하지만 그 정도가 훨씬 심하다. 실제로 세계 채권시장은 주식시장보다 훨씬 큰 규모와 영향력을 지닌다. 세계 경제의 많은 부분은 국제적인 채권 거래에 의존한다.

채권의 정의

채권은 미래의 정해진 날짜(즉, 만기가 도래하면)에 상환받는 조건으로 기업, 지자체, 연방정부 또는 해외 정부에 돈을 빌려주었음을 나타

내는 유가증권이다. 거의 모든 대부와 마찬가지로 채권도 이자를 수반
한다. 이자는 채권 상환기간에 걸쳐 주기적으로 지급되거나, 만기에 일
시불로 지급된다. 매수 방법은 정부나 지자체, 기업의 신규 발행분을
직접 매수할 수도 있고, 유통시장에서 채권 트레이더나 중개인 또는 딜
러를 통해 매수할 수도 있다. 채권시장은 채권을 어느 가격에 얼마나
쉽게 매매할 수 있는지를 결정한다.

왜 채권을 팔까?

시 정부나 주 정부 또는 연방정부가 채권을 판매하는 이유는 아주 간단하다.
자금을 확보하기 위해서다. 대개 해당 자금은 교량 건설이나 도로 보수 등 특
정한 사업에 투입된다. 제2차 세계대전 동안 연방정부는 전쟁자금을 마련하
기 위해 채권을 판매했다.

이자는 채권 매매에서 큰 부분을 차지한다. 채무자(또는 채권 발행자)
는 돈을 빌리는 대가로 정해진 간격으로 금리에 따른 이자를 지급하는
데 동의한다. 채권은 불연속적으로 증가하는 액면가 또는 장부가(드문
예외를 제외하면 대개 1,000달러의 배수)에 판매된다.

채권의 만기와 금리는 다양하다.

- 단기 채권의 만기는 최대 5년
- 중기 채권의 만기는 대개 7년에서 10년
- 장기 채권의 만기는 대개 20년에서 30년

장기 채권은 대개 단기 채권보다 금리가 더 높다. 지난 50년 동안의 차이는 평균적으로 6% 이상이었다. 채권의 표면금리는 알려진 요소이지만 수익률yield(실효금리)은 현행 금리의 변화에 따라 바뀐다. 채권을 매도하려는 경우 이 점이 중요해진다.

분산 수단으로서의 채권

채권의 가치는 종종 주식과 반대로 움직인다. 그래서 채권은 포트폴리오를 분산하여 위험을 줄이는 데 도움이 된다. 또한 채권은 좋은 포트폴리오에 필수적인 자산 배분 전략의 중요한 일부다. 채권은 대개 주식의 완전한 대체재 역할을 하지 못한다. 하지만 강력한 보완재는 될 수 있으며, 거기에 더하여 꾸준한 이자 소득을 안겨준다.

채권에는 만기일이 있다. 만기일은 원금 또는 초기 투자금을 상환하는 날이다. 수의상환채권callable bond으로 불리는 일부 채권은 발행자가 만기일 전에 원금을 상환할 수 있다. 즉, 조기 상환이 가능하다. 5,000달러짜리 채권은 발행자가 채무를 불이행하지 않는 이상 (공개시

장에서 거래되는 가격과 무관하게) 만기 때 5,000달러의 가치를 지닌다. 채권 보유자가 받는 이자는 말하자면 돈을 빌려준 대가다. 이자는 대개 반기에 한 번 또는 1년에 한 번 지불되며, 다른 금리로 복리가 적용된다.

채권 대 주식

채권 보유자는 주식 보유자와 달리 기업의 성패에 관여하지 않는다. 주식은 기업의 운명과 더불어 번성하거나 몰락한다. 채권의 경우 기업이 얼마나 잘되든지 간에 빌려준 돈에 대한 이자를 받다가 만기에 원금을 돌려받는다. 물론 파산하지 않는다면 말이다. 그래서 채권은 고정수익증권이라고 불린다. 투자를 통해 얼마를 버는지 알 수 있기 때문이다. 다만 만기 전에 매도하면 시장이 가격을 결정한다.

회사채의 가격은 주가처럼 기업의 실적에 영향받는다. 하지만 금리 변동에 훨씬 더 크게 영향받는 경우가 많다. 채권시장 자체가 종종 금리 변동을 선도하는 데도 그렇다. 채권과 주식은 모두 테러, 정치, 사기 등의 영향을 받는다.

7가지 요소

포트폴리오에 채권을 넣는 것을 고려하고 있다면 다음 일곱 가지 핵심 요소를 분석해야 한다.

1. 가격
2. 표면금리
3. 현행 수익률current yield
4. 만기
5. 상환 조건
6. 신용등급
7. 소득세

이 요소들은 해당 채권이 포트폴리오에 적합한지, 개인적 투자 목표에 부합하는지 판단하는 데 도움을 준다.

채권투자 위험

일반적으로 채권, 특히 미 국채는 주식보다 덜 위험하다고 간주하며, 따라서 보다 보수적인 투자상품이다(정부가 파산할 가능성은 거의 없으므로 국채는 위험도가 아주 낮다). 채권은 또한 저축 계좌나 양도성 예금증서보다 높은 이자를 준다. 이 점은 꾸준한 이자 소득과 더불어 채권을 매력적이며 비교적 안전한 투자상품으로 만든다.

하지만 채권에 내재된 단점과 위험이 있다. 가장 기본적인 위험은 발행자가 채무를 불이행하는 것이다. 그러면 원금을 돌려받지 못한다. 또한 금리가 높을 때 채권을 매각해야 하는 경우 손실이 날 수 있다. 그리고 채권투자로는 보다 위험한 주식 펀드나 인기 주식에 대한 투자로 실현할 수 있는 높은 투자수익률을 얻을 수 없다.

왜 채권을 살까?

위험 감소

투자 포트폴리오에 일부 채권이나 채권 펀드를 추가하는 것은 좋은 생
각이다. 특히 위험 감수도가 낮다면 더욱 그렇다. 채권은 모든 유형의
투자자에게 다양한 혜택을 제공한다.

그중에서 특히 다음 두 가지가 중요하다.

1. 채권은 주식시장의 변동성에 대한 노출을 줄여서 포트폴리오를
   안정시키는 데 도움을 준다. 채권은 본질적으로 주식과 다른 위험
   및 수익 속성을 지닌다. 그래서 시장이 움직일 때 다르게 행동할
   수밖에 없다.
2. 채권은 대개 정기적으로 이자를 지급한다(만기에 이자를 지급하는
   무이표채zero-coupon bond 제외). 이 매력적인 속성은 예정된 소득

에 대한 필요나 학자금 내지 은퇴 후 소득 같은 특정한 미래의 금전적 필요를 충족하는 데 도움을 준다.

원리금 자동이체 증권pass-through security은 예측성이 덜한 대신 더 높은 수익률로 불확실성을 보상한다.

채권은 주식과 달리 미래의 만기일에 원래 투자금 또는 원금을 반환하도록 설계된다. 이처럼 자본을 보존하는 속성은 포트폴리오에 안정성을 제공하며, 주식이 지닌 성장/위험 측면의 균형을 잡아준다. 다만 만기 전에 매수가보다 낮은 가격에 채권을 매도하거나, 채무자가 채무를 불이행하면 여전히 원금을 잃을 수 있다. 신용등급이 높은 채권을 선택하면 디폴트 위험에 대한 손실exposure을 제한할 수 있다.

채권에 대해 언급할 만한 또 다른 장점이 있다. 특정 채권은 세금과 관련하여 고유한 혜택을 제공한다. 가령 국채 이자에 대해서는 주 소득세나 시 소득세를 내지 않아도 된다. 마찬가지로 지방채 이자에 대해서는 (대개) 연방 소득세가 부과되지 않으며, 일부 경우에는 주 소득세나 시 소득세도 내지 않는다. 좋은 중개인이나 세무사가 어떤 채권이 당신에게 가장 잘 맞는지 판단하는 데 도움을 줄 수 있다.

채권의 고유한 위험

모든 투자상품이 그렇듯이 채권투자에도 일정한 위험이 있다. 채권은 여러 구체적인 위험을 지닌다. 다음은 그중에서 가장 중요한 세 가지 위험과 각 위험이 채권시장에 미치는 영향이다.

조기 상환 위험 Call Risk

채권투자에서 덜 흔한 위험 중 하나는 조기 상환 위험이다. 이는 발행자가 만기 전에 원금을 상환하는 데 따른 위험을 말한다. 금리가 하락하여 더 낮은 금리에 새로운 채권을 발행하기 위해 기존의 고금리 채권을 처리하려고 할 때 이런 일이 생긴다. 하지만 이런 상황은 흔치 않다. 특히 금리가 안정되거나 상승하는 시기에는 더욱 그렇다.

신용 위험

이는 채권을 발행한 기업이 채무를 불이행하여 원금을 잃을 수 있는 위험이다. 신용 대출을 받으려는 사람들처럼 채권에도 등급이 매겨지는 이유가 여기에 있다. 국채는 적어도 이론상으로는 이런 위험을 지니지 않기 때문에 등급을 매길 필요가 없다. 한마디로 국채는 안전한 투자 대상이다. 당신은 잠재적 투자자로서 다양한 등급의 채권이 수반하는 위험과 수익을 비교해야 한다. 가령 고등급 비과세 지방채를 통해 저등급 과세 회사채만큼 수익을 올릴 수 있다면 안전하게 지방채를 사는 편이 낫다. 위험한 채권 또는 저등급 채권은 신용 위험을 감수할 수 있을 만큼 높은 투자수익률을 기대할 수 있을 때만 가치를 지닌다.

금리 위험

채권을 만기까지 보유하면 금리 위험은 그다지 중요하지 않다. 금리 변동에 딱히 영향받지 않기 때문이다. 하지만 채권을 매도한다면 수익률과 연계된 금리를 신경 써야 한다. 근본적으로 금리 위험은 현재 금리보다 금리가 낮은 장기 채권을 보유하는 데 따른 것이다. 이 경우 채권을 매도하여 재투자하기 어렵다.

방어적 매수를 피하라

채권은 필요와 재정 상황을 토대로 매수하라. 특정한 채권을 매수하여 만기까지 보유할 계획을 세워라. "채권을 팔아야 하는 상황이 발생하면 어떻게 할 겁니까?"라는 중개인의 질문에 위축되지 마라. 매도해야 할 상황을 고려한 매수는 방어적 매수이며, 장기적으로 후회할 수 있다.

채권의 만기가 길수록 수익률 변화가 가격에 많은 영향을 끼친다.

만기가 짧은 채권을 사서 갈아타면 금리 위험을 더 잘 관리할 수 있다. 하지만 장기적으로 더 높은 투자수익률을 바란다면 장기 채권을 매수하고, 매도할 일이 없기를 바라야 한다.

중개인들은 채권의 이자 변동에 대해 많이 이야기한다. 그들이 하는 일이 채권 매매이기 때문이다. 하지만 오랫동안 채권을 묵혀두면서 이자 소득을 누리는 보유자들이 많다. 그러니 금리 변동이 유통시장에서 채권의 가치를 바꾸는 것을 걱정만 하기보다는 계획을 세워라. 채권을 매도하기 위해 매수하는가, 아니면 만기까지 보유하기 위해 매수하는가? 재정 상황이 안정되어 있고, 미래의 목표를 위해 장기 채권을 매수할 생각이라면 무조건 계획대로 가라. 애초에 만기까지 보유하려고 작정했기 때문에 더 높은 수익률을 누릴 수 있다. 15년짜리 채권을 만기 12년 전에 매도해야 해서 가격에서 손해를 본다고 해도 단기 채권보다 높은 수익률을 누릴 수 있다.

소득 위험

소득 위험은 이중 위험이다. 첫째, 채권을 매도해야 하는 경우 액면가만큼 가격을 받을 수 없다. 둘째, 물가상승률이 채권으로부터 얻는 소득을 넘어선다(이는 물가상승률 위험이라고 한다). 이자를 재투자하는 경우 즉각적인 소득도 줄어든다.

소득 위험을 관리하는 최선의 방법은 시차를 두고 단계별로 투자하여 그 과정에서 더 높은 금리를 받는 것이다. 물가상승률 위험은 자산 배분을 재평가하고 물가상승률이 떨어질 때까지 그보다 수익률이 높은 투자상품으로 옮겨서 대처할 수 있다. 이미 보유하고 있는 채권의 금리가 3.9%인데 물가상승률이 4.1%로 오른다면 이자를 수익률이 더 높은 (아마도 약간 더 위험한) 투자상품에 재투자할 수 있다. 주식형 펀드의 수익률은 물가상승률을 넘어설 가능성이 더 크다.

채권 등급과 수익률

채권의 질

회사채와 일부 지방채는 스탠더드앤드푸어스S&P, 무디스Moody's 같은 기관의 금융 애널리스트들이 등급을 매긴다. 이 등급은 채권 발행자의 신용도를 말해준다. 따라서 채권을 발행하는 기업에 대한 일종의 성적표와 같다. 애널리스트들은 기업의 과거 실적과 재정 상태, 채권의 수익률, 위험 수준을 살핀다. 이 모든 정보를 취합하여 등급이 매겨진다. 이는 개인에 대해 신용등급을 매기는 것과 흡사하다. 부채를 전액, 기한 안에 상환할 가능성이 높은 사람은 기한을 어기거나 아예 상환하지 않을 수 있는 사람보다 높은 등급을 받는다.

- AAA등급은 최고 수준의 채권에 부여된다. AAA, AA, A, BBB(무디스의 경우 Aaa, Aa, A, Bbb)등급은 높은 수준으로 간주한다.

- BB 또는 B등급은 약간 의문스럽다.
- B등급보다 낮은 C나 D등급은 저등급 채권 또는 투기 등급 채권junk bond라고 한다.

올바른 성장 기업의 채권을 골라내면 투기 등급 채권 또는 고수익 채권에 대한 투자도 대단히 성공적일 수 있다. 다만 위험, 특히 채무 불이행 위험이 크다.

이자 지급 방식

고정 금리가 가장 흔하지만 경제 여건에 따라 변하는 변동 금리가 적용되는 경우도 있다. 무이표채는 정기적으로 이자를 지급하지 않는다. 대신 대폭 할인된 가격으로 팔려서 만기에 액면가를 상환한다. 그사이에 복리로 액면가까지 가치가 누적된다.

보유한 회사채의 등급이 과거에는 준수했지만 어려운 시기를 맞아 강등되었다면 매도와 보유, 두 가지 선택지가 있다. 이 선택은 부분적으로 해당 기업의 실적이 되살아나 흑자로 돌아설 것이라는 믿음에 근거한다. 다른 한편으로는 보다 즉각적이고 실용적인 판단을 해야 한다. 해당 기업이 부채를 상환할 수 있다고 믿지 않는다면 기회가 있을 때

빠져나와라. 반대로 해당 기업이 위기를 넘길 수 있다고(어쩌면 더 강해질 수 있다고) 믿는다면 계속 보유하는 것을 고려하라. 채권을 포트폴리오에 넣은 주된 이유가 소득이고(즉, 정기적인 이자가 소득원이고), 해당 소득이 꾸준히 들어오고 있다면 계속 보유하는 것이 합리적일 수 있다. 그렇지 않고 채권을 보다 위험한 주식에 대한 위험 회피 수단이나 향후 큰돈을 안길 수단으로 활용한다면 바로 매각하는 것을 고려하라. 채권 가격이 너무 많이 떨어지면 투자 원금을 상당 부분 되찾지 못할 수도 있다.

채권 등급은 시간이 지나면 바뀔 수 있다. 크게 성공하여 안정성이 높아진 기업의 채권은 이전에는 BBB등급을 받았지만 다음에는 A등급을 받을 수 있다. 반대의 경우도 일어난다. 등급이 높은 기업도 힘든 시기에 넘어질 수 있다. 그러면 채권 등급이 때로는 대폭 강등된다. 되팔 목적으로 보유하고 있는 채권이 있다면 신용등급을 계속 확인하는 것이 좋다. 신용등급은 채권의 시장성에 영향을 미치기 때문이다.

채권 수익률

채권투자와 관련하여 두 가지 수익률을 알아야 한다. 하나는 만기 수익률이고, 다른 하나는 현행 수익률이다. 이 두 수익률은 채권이 공

처음 시작하는 이들을 위한 최소한의 주식투자 이해하기

개시장에서 지니는 가치에 절대적인 영향을 미친다.

채권 수익률, 따라서 채권 가격을 결정하는 중요한 요소 중 하나(또는 가장 중요한 요소)는 현행 금리다. 기본적으로 채권의 표면금리는 현행 금리를 기준으로 동종 채권과 비교된다. 표면금리가 현행 금리보다 높은지 또는 낮은지 여부는 채권 가격에 큰 차이를 만든다.

현행 수익률

현행 수익률은 (액면가가 아니라) 당신이 지불한 가격에서 이자가 차지하는 비율이다. 수익률이 6%인 2,000달러짜리 채권을 액면가(2,000달러)로 매수한 경우 현행 수익률은 6%다. 액면가보다 높거나 낮은 가격에 매수하면 수치가 달라진다. 가령 수익률이 6%인 2,000달러짜리 채권을 1,800달러에 매수하면 액면가보다 할인된 가격을 지불한 것이다. 따라서 현행 수익률은 원래 수익률인 6%보다 높은 6.67%가 된다. 이 수익률을 계산하려면 먼저 액면가인 2,000달러를 0.06(표면금리)으로 곱한다. 그러면 120달러(연이자)가 된다. 이를 다시 1,800달러(매수가)로 나누면 0.0667 또는 6.67%의 수익률이 나온다.

만기 수익률

일반적으로 보다 의미 있는 수치로 간주하는 만기 수익률은 매수 시점부터 만기까지(만기까지 보유한다고 가정할 때) 채권투자로 벌어들인 총액을 말한다. 여기에는 채권 발행 기간에 걸쳐 받는 이자뿐 아니라 매수가가 액면가 이상인지 또는 이하인지에 따라 발생하는 손익이 포함된다(세금 제외). 중개인은 채권 발행 조건, 매수가, 수익률을 고려하여 만기 수익률을 계산할 수 있다(계산이 아주 복잡하기 때문에 직접 하려면 컴퓨터가 필요하다). 대개 이 계산은 쿠폰coupon 또는 이자가 같은 금리로 재투자된다고 가정한다.

만기 수익률을 알면 다양한 채권을 비교하기 쉬워진다. 주식은 특정한 주당 가격에 그냥 매수하면 된다. 반면 채권을 매수할 때는 만기 조건, 금리, 채권 가격 등 다양한 요소가 작용한다. 요점은 해당 채권이 얼마나 양호한 수익을 안겨주느냐다.

수익률에서 금리가 차지하는 중요성

금리는 물가상승률, 환율, 경제적 여건, 신용 수급, 연준의 행동, 채권시장 자체의 활동 등 수많은 요소에 따라 달라진다. 금리가 오르내리면 채권 가격은 반대 방향으로 조정된다. 그에 따라 수익률이 새로운 현행 금리와 보조를 맞추게 된다. 채권시장은 거래를 통해 채권 수익률에 영향을 미침으로써 현재의 시장 금리에도 영향을 미친다.

채권시장을 상대할 때 명심해야 할 가장 단순한 법칙은 채권 가격이 금리와 반대 방향으로 움직인다는 것이다. 금리가 낮아지면 채권 가격이 오르고, 금리가 높아지면 채권 가격이 내린다. 그 이유는 다음과 같다. 이자가 8%인 기존 채권은 금리가 낮아져서 신규 채권의 이자율이 6%가 되면 수요가 늘어난다. 반면 금리가 올라서 신규 채권이 10%의 이자를 지급하면 이자가 8%인 기존 채권은 갑자기 가치가 떨어지고 팔기 어려워진다.

수익률 곡선

　단기 금리와 장기 금리의 관계는 수익률 곡선으로 표시된다. 수익률 곡선은 채권 수익률과 만기 사이의 연관성을 나타낸다. 이 곡선을 통해 다른 속성(다른 표면금리, 다른 만기, 다른 신용등급)을 지닌 채권들의 가격을 비교할 수 있다. 대부분의 경우 수익률 곡선은 정상적인(또는 '가파른') 상방으로 휘어진 형태를 띤다. 즉, 단기 채권은 금리가 더 낮으며, 만기가 길어짐에 따라 금리가 꾸준하게 오른다. 하지만 가끔 수익률 곡선이 평평해지거나 뒤집히는 때가 있다. 금리가 전체적으로 비슷한 평평한 수익률 곡선은 대개 경기 침체가 임박했음을 알린다. 이 경우 단기 금리가 오르고 장기 금리가 내리면서 둘이 비슷해진다. 단기 금리가 장기 금리보다 높으면(불경기가 다가오고 있다는 신호) 뒤집힌 수익률 곡선, 즉 정상적인 곡선의 반대 모양이 나온다.

채권의 가격 결정 방식

　채권시장에서 채권을 사거나 팔려고 할 때 먼저 최근 가격을 알아야 한다. 이 정보는 「월스트리트저널」이나 「배런스」 같은 금융지의 홈페이지 또는 「USA 투데이」나 지역 신문의 금융 섹션에서 확인할 수 있다.

채권 가격은 변동한다. 그래서 당신이 확인한 가격은 다음 영업일 동안 여러 번 바뀔 수 있다.

채권은 전부 나열하기에는 너무 많아서(지방채만 해도 150만 종) 완전한 단일 목록은 없다. 또한 많은 채권 보유자는 만기까지 보유하기 때문에 단일 목록은 실용적이지 않다. 그래서 공정한 가격을 판단할 수 있는 벤치마크가 제시된다. 금리는 폭넓은 의미에서 채권 가격에 영향을 미친다. 따라서 원칙적으로 고정수익증권도 비슷한 영향을 받는다.

채권 가격 목록을 보면 국채, 지방채, 회사채, 주택저당담보부채권mortgage-backed bond에 대한 핵심 정보가 나온다. 게시 형태는 신문마다 다르지만 대개 다음과 같은 수치가 포함된다.

- **이율 6.5%**: 채권의 수익률을 말한다.
- **만기 2018년 3월**: 최종 만기를 가리키며, 이 경우 2018년 3월이다.
- **매수호가 103:12**: 매수자가 1,000달러짜리 채권에 대해 1,033.75달러의 매수호가를 제시했다는 뜻이다. 해당 채권을 액면가인 1,000달러에 산 보유자는 3% 조금 넘는 수익을 거두는 셈이다. 쌍점 앞의 숫자는 채권의 액면가에 대한 %를 나타낸다 (이 경우는 1,000달러의 103%이므로 1,030달러). 쌍점 뒤의 숫자는 10달러 단위의 32진법으로 표기된다(이 경우 12/32는 3.75달러가 되며, 이를 1,030달러에 더한다). 이 계산법은 매수호가와 매도호가

에 모두 적용된다.

- **매도호가 104:00**: 매도자가 제시하는 최저가로서 이 경우
1,040달러다.

매도호가/수익률 항목도 있다. 이 항목은 매도호가에 따른 만기 수
익률을 나타낸다. 즉, 해당 채권의 이자율과 가격을 토대로 매수자가
얼마나 벌 수 있는지 말해준다. 액면가보다 높은 가격에 채권을 산 매
수자는 낮은 만기 수익률을 얻는다. 할인가, 즉 액면가보다 낮은 가격
에 산 경우는 반대가 된다.

주식 또는 채권?

주식시장은 장기 투자자에게 꾸준한 수익을 안긴다. 하지만 일부 투자자에
게는 변동성이 너무 심할 수 있다. 특히 변동성이 심한 시기에는 더 많은 투
자자가 채권시장으로 눈길을 돌린다. 또한 401(k)과 기업연금에서 나온 돈을
재투자하는 사람이 늘어나면서 투자상품으로서 채권의 매력이 높아지고 있
다. 채권은 주식보다 높은 안정성뿐 아니라 소득도 제공한다.

채권 거래는 속도가 빠르다. 그래서 매매 결정을 할 무렵에는 신문
에서 본 가격이 바뀌었을 가능성이 크다. 또한 채권 가격은 어떤 중개
인이 특정 채권에 대해 최고의 가격을 제공하느냐에 영향을 받는다. 딜

러들이 스프레드, 즉 거래에 따른 이익이 남도록 가격을 설정한다는 사실을 잊지 마라.

채권 매매 방법

채권은 거의 언제나 중개인과 증권사를 통해 매수한다. 모든 주요 증권사는 채권을 다루며, 최고의 채권 수익률을 제공한다. 그들은 이미 시장에 나와 있는 채권을 거래하며, 신규 발행 소식을 알려줄 것이다. 이는 회사채와 지방채뿐 아니라 미 재무부 채권 같은 국채에도 해당한다. 하지만 채권 중개인을 이용하려면 큰 부담이 따른다. 대부분의 중개인이 채권투자를 시작하기 위해 최소 5,000달러를 요구하기 때문이다.

당신이 직접 투자하는 스타일이라면 트레저리다이렉트 서비스Treasury Direct service, www.treasurydirect.gov를 통해 미 재무부로부터 직접 재무부 채권을 매입할 수 있다. 저축채권은 트레저리다이렉트와 대다수 은행을 통해 매입할 수 있다. 저축채권은 저렴해서 적게는 25달러로 투자할 수 있다. 그 이자에 대해서는 주 정부나 시 정부의 소득세를 물지 않으며, 수수료 없이 매수할 수 있다.

국채와 지방채

정부에 돈 빌려주기

분산화는 투자 포트폴리오에 있어서 투자하는 돈만큼이나 중요하다. 주식과 뮤추얼펀드는 폭넓은 선택지를 제공하며, 채권시장도 다르지 않다. 채권은 투자에 다양성을 부여하는 또 다른 수단을 제공한다. 채권의 여러 유형과 그에 내재된 위험 및 혜택을 아는 것이 중요하다.

채권 범주의 개요

채권의 유형은 정부가 발행한 것부터 보다 투기적인 것, 심지어 외국 기업과 정부가 발행한 것까지 다양하다. 그들은 다른 위험 및 투자 속성을 지니며, 다르게 과세된다. 또한 포트폴리오의 주식 노출분에 따른 위험을 완화하거나 정기적인 소득을 얻는 다양한 수단을 제공한다. 채권이 부를 창출하는 데 도움을 주는 중요한 역할을 이해하는 것이 중요한 이유이다.

5가지 채권

투자자가 선택할 수 있는 채권의 기본적인 유형은 다섯 가지다.

1. 미 국채
2. 주택저당증권
3. 지방채
4. 회사채
5. 정크 본드(고수익 채권)

각 유형은 나름의 장점과 단점을 지닌다. 그래서 일부는 당신의 포트폴리오에 더 잘 맞을 것이다.

투자자는 채권을 두 가지 주요 목적으로 활용한다. 하나는 정기적인 이자를 통해 꾸준한 소득을 얻는 것이고, 다른 하나는 자본을 보호하고 구축하는 것이다. 채권은 예측 가능하다. 즉, 언제 원금을 돌려받는지, 언제 다음 이자가 들어오는지 알 수 있다. 안정적인 수입을 바란다면 만기까지 고정 금리가 적용되며, 반기마다 이자를 지급하는 채권이 최고의 선택지다.

다른 한편 미래를 위해 저축하는 투자자는 무이표채에 투자하는 편이 나을 수 있다. 이 경우 정기적인 이자는 받지 못한다. 대신 무이표채는 액면가보다 대폭 할인된 가격에 살 수 있다. 만기가 되면 매수가에 더하여 원래 금리에 반기마다 복리로 불어난 이자까지 목돈으로 받게 된다. 이는 기본적으로 액면가에 몇 년 동안 누적된 이자가 모두 한 번에 거액으로 지급되는 것이다.

포트폴리오의 균형을 맞추기 위해 선택하는 채권의 유형은 장기 투자 목표를 따라야 한다. 앞으로 나오는 내용을 읽으면 어떤 채권이 당신의 필요에 맞는지 더 잘 파악할 수 있다.

미 국채

주가가 떨어지는 것을 생각만 해도 머리가 어지럽거나, 안전한 현금성 자산에 투자해야 한다면 미 국채를 고려하라. 미국 정부가 투자자에게 주는 선물인 국채는 타격을 입고 단기 또는 장기 구호가 필요한 주식투자자에게 안전지대를 제공한다. 재무부 채권으로 불리는 미 국채는 예측 가능하다. 주식보다 평균적으로 수익률이 낮지만 훨씬 안전하기도 하다. 일반적으로 이자에 대해 연방세를 내야 하지만 주 정부 세금과 시 정부 세금은 내지 않는다. 미 국채는 또한 미국 정부의 완전한 신용으로 보증된다.

미 국채를 매우 매력적으로 만드는 것은 유동성이 높아서 빠르게 현금화할 수 있다는 점이다. 국채시장은 규모가 방대하기 때문에 다른 채권보다 매각하기 쉽다. 실제로 미 국채시장은 세계에서 가장 큰 증권시장으로서 하루 평균 거래 규모가 2,500억 달러 이상이다. 미 국채는 또한 금리 변동의 위험을 완화하는 좋은 수단이다. 미 국채에 투자하면 발행기간 동안 금리가 바뀌어도 확고하게 유지되는 연수익률을 확보할 수 있다. 미 국채는 세 가지 기본적인 유형을 지닌다.

1. **단기채**Treasury bill, T-bill는 만기가 4주에서 1년 사이로 아주 짧은 채권이다. 가격은 100달러 단위이다. 또한 최소 금액은 100달러이며, 액면가에서 할인되어 판매된다. 이 할인 폭이 이자 소득에 해당한다.

2. **중기채**Treasury note는 만기가 2년, 5년, 10년인 채권이다. 역시 가격은 100달러 단위이고, 최소 금액은 100달러다. 또한 확정 금리를 따르며, 반기마다 이자가 지급된다.

3. **장기채**Treasury bond는 만기가 30년으로 아주 긴 채권이다. 최소 매입 가격은 100달러다. 또한 확정 표면금리를 따르며, 만기까지 6개월마다 이자가 지급된다.

지방채

지방채는 비과세 혜택 때문에 인기가 아주 많다. 주, 시, 군, 지자체, 정부기관은 학교와 공원 그리고 지역사회의 수많은 주요 시설을 짓기 위해 지방채를 발행한다. 당신은 이처럼 가치 있는 사업에 돈을 빌려주는 대가로 이자를 받을 뿐 아니라 연방세(그리고 종종 주세)를 면제받는다. 사람들이 주로 관심을 갖는 것은 후자다. 다른 대부분의 투자는 정부가 세금을 걷어가기 때문이다.

준수한 투자 대상

지방채의 수익률은 대개 회사채보다 높지 않다. 하지만 회사채의 세후 수익률을 따져보면 지방채가 그렇게 나쁘지 않은 경우가 많다. 특히 세율이 높은 주는 더욱 그렇다. 다만 소득세 신고 시 기록 보관을 위해 비과세 이자도 포함해야 한다.

많은 지방채는 회사채와 마찬가지로 등급이 매겨진다. 고등급 지방채는 낮은 위험도 측면에서 국채에 필적한다. S&P와 무디스 그리고 다른 신용정보기관은 회사채와 같은 방식으로 지방채의 등급을 표시한다. AAA(S&P)나 Aaa(무디스)등급이 최고 등급이다. 등급이 최소 BBB

나 Bbb 이상인 채권을 찾아라. 회사채와 마찬가지로 등급이 낮을수록 위험도가 높다. 안전을 기하기 위해 채권투자에 대한 보장 수단, 이 경우에는 보험을 들 수 있다. 그러면 원금과 이자를 잃을 위험이 없다.

지방채의 가격은 5,000달러 또는 그 배수다. 수익률은 다른 채권들처럼 금리에 따라 달라진다. 금융지에 실제 거래 가격이 실린다. 가격은 거래 규모와 시장에 따라 달라진다. 지방채도 다른 채권들처럼 유통시장에서 매도할 수 있으며, 시세에 따라 매수가보다 높은 가격을 받을 수 있다. 지방채 매도 차익에 대해서는 세금이 붙는다.

지방채에 관심이 있다면 어떤 선택지가 있는지 알아야 한다. 지방채는 다음과 같이 다양한 유형을 지닌다.

- **세입 담보채**revenue bond: 이 채권은 대개 다리나 공항 또는 고속도로 건설 같은 구체적인 사업을 위한 자금을 마련하기 위해 발행된다. 통행료나 이용료 또는 다른 방식으로 얻은 수익이 이자 지급에 활용된다.
- **신용 보증채**moral obligation bond: 이 채권은 기본적으로 주 정부가 제공하는 세입 담보채이지만 특이한 점이 있다. 주 정부는 대개 세금과 인허가 수수료 같은 일반적인 세수로는 채무를 이행할 수 없을 때 이 채권을 발행한다. 주 정부는 만약을 대비하여 채무를 이행하기 위한 특별 예비 기금을 마련한다. 하지만 이 기금을 써

야 할 법적 의무는 없다. 도덕적 의무만 있을 뿐이다. 그래도 대부분의 경우 (주 정부의 평판이 걸린) 이 도덕적 의무는 법적 의무보다 더 강력할 수 있다.

- **일반 보증채**general obligation bond: 발행자는 세수로 이 채권에 대한 이자 지급을 보증한다. 'GO'로 불리는 이 채권은 유권자의 승인을 받아 발행하며, 원금은 발행자의 완전한 신용으로 보증된다.

- **과세 지방채**taxable municiple bond: 비과세 지방채가 있는데 굳이 과세 지방채를 원하는 이유가 무엇일까? 간단하다. 회사채와 비슷한 수준으로 수익률이 높고, 대개 큰 위험이 없기 때문이다. 이 채권은 지자체가 운영하는 연금 사업의 부족한 기금을 마련하거나, 지역 야구팀 또는 축구팀을 위한 구장을 건설하기 위해 발행된다.

- **사적 활동채**private activity bond: 공적 활동이나 사적 활동을 위해 발행되는 채권을 말한다.

- **조기 상환채**put bond: 이 채권은 명시된 만기가 되기 전이라도 특정한 날(또는 날들)에 액면가로 상환받을 수 있도록 해준다. 이런 융통성을 제공하는 대가로 수익률은 대개 평균보다 낮다. 그래도 활발하게 거래하는 채권 트레이더가 금리 인상을 예상할 경우 좋은 전략적 투자 대상이 된다. 금리가 충분히 오르면 조기 상환채를 (대개 액면가로) 현금화하고, 그 돈을 수익률이 더 높은 상품에 재투자할 수 있다.

- **변동금리채**floating/variable rate municipal bond: 이 채권은 금리가 오를 것 같을 때 좋은 투자상품이다. 이자율이 금리에 따라 바뀌기 때문이다. 물론 이런 채권은 더 큰 이자 위험을 수반한다.

대개 주요 신문의 금융 섹션이나 금융지에서 지방채의 가격을 확인할 수 있다. 지방채 중개인들은 각각의 호가를 제시한다. 시세는 종종 바뀐다. 따라서 매수(또는 매도)하고 싶다면 시세를 알아야 한다.

무이표채

무이표채는 기업이나 정부기관, 지자체가 발행한다. '제로zero'로 불리는 이 채권은 대다수 채권과 달리 정기 이자를 지급하지 않는다. 대신 할인가에 판매되고, 만기가 되면 (이자 및 원금 모두에 대해) 더 높은 수익을 지급한다.

유동성 목적으로는 부적합
포트폴리오에 유동성을 강화하기 위해 제로(또는 무이표채)를 사지 마라. 세금의 경우 이자를 받지 않아도 해마다 가치 상승분을 신고해야 한다.

금리는 무이표채를 할인가에 매수할 때 고정된다. 가령 5년 만기 지방채 1만 달러어치를 무이표채로 매수하는 경우 7,500달러를 지불하고 5년 후에 1만 달러를 고스란히 돌려받는다. 만기가 길수록 할인율이 높아진다. 무이표채는 복리의 힘을 보여주는 최고의 사례다. 가령 액면가가 2만 달러인 20년 만기 무이표채는 약 7,000달러에 매수할 수 있다. 이 채권은 연간 또는 반기 이자를 지급하지 않는다. 그래서 이자가 계속 쌓이며, 덕분에 7,000달러의 초기 투자로 1만 3,000달러를 벌 수 있다. 금리는 이런 채권을 매수하는 데 필요한 금액을 좌우하지만, 복리의 힘으로 대폭 할인이 가능하다.

처음 시작하는 이들을 위한 최소한의 주식투자 이해하기

017

회사채
기업에 돈 빌려주기

주식을 사면 해당 기업의 일부를 보유하는 것이다. 반면 회사채(또는 사채)를 사면 일정한 이자율에 일정 기간 동안 해당 기업에 돈을 빌려주는 것이다. 회사채는 국채나 지방채보다 위험도가 크다. 그래도 장기 회사채는 지난 50년 동안 장기 국채와 지방채보다 높은 수익률을 기록했다.

하지만 미국 정부와 달리 기업은 파산할 수 있다(그리고 실제로 파산한다). 이 경우 당신이 보유한 채권 증서는 휴지 조각이 된다. 케이마트Kmart, 블록버스터Blockbuster, 엔론Enron은 모두 파산한 대기업의 사례다. 따라서 회사채에는 디폴트(채무 불이행)의 위험이 따른다.

회사채는 대개 1,000달러나 5,000달러 단위로 발행된다. 매수자는 새 사무실 설비부터 신기술 및 신규 장비까지 모든 것에 사용될 자금을 제공하고 해마다 또는 반기마다 이자를 받는다. 회사채는 만기에 다른 채권보다 높은 수익을 지급한다. 다만 해당 소득에는 연방 소득세와 주 소득세가 부과된다.

만기까지 보유할 계획이고, 준수한 수익률을 올리고 있다면 유통시장에서 매도하는 문제를 신경 쓸 필요가 없다. 만기에 원금을 돌려받지 못하는 경우는 조기에 상환되거나, 감채기금sinking-fund 조항이 있거나, 회사가 채무를 불이행할 때뿐이다.

수의상환

수의상환은 채권에 명시된 만기 전에 상환하는 것이다. 대개 발행자가 더 낮은 이자율에 채권을 신규로 발행하고 싶을 때 수의상환이 이루어진다. 수의상환이 가능한 채권은 약정서에 해당 조항이 있다. 이 조항은 발행자가 임의로 상환할 수 있는 시기를 명시한다. 가령 15년 만기 채권의 약정서에 8년 후 수의상환이 가능하다고 명시할 수 있다. 수의상환 시 받는 원금을 채권에 재투자하면 대개 이자율이 더 낮다. 수의상환 요소가 개입되면 수익률을 계산하는 방식이 바뀌며, 만기 수익률도 달라진다.

감채기금 조항

　감채기금 조항은 회사가 이익금으로 해마다 일정한 양의 채권을 상환할 수 있도록 한다. 이 조항은 약정서에 명시된다. 해당 기업은 해마다 충분한 현금이 있는 경우 채권의 일부를 상환한다. 대상 채권은 대개 추첨으로 정한다. 당신이 보유한 채권이 대상이 될지는 순전히 운에 달려 있다. 또한 수의상환 조항과 달리 이 조항에 따라 상환되는 경우 액면가보다 많은 금액을 받지 못할 수 있다. 다른 한편으로 해당 기업은 자금을 들여서 부채를 갚고 있으므로 해당 채권을 불이행할 가능성이 작다. 그래서 위험도가 낮아진다.

　채권을 조기 상환하는 다른 몇 가지 이유가 있다. 거기에 해당하는 경우는 채권 약정서에 적혀 있다. 다른 모든 투자상품을 매수할 때와 마찬가지로 채권을 매수할 때 모든 조항을 꼼꼼히 읽어야 한다. 채권과 약정서 조항에 있어서는 수많은 일이 일어날 수 있다. 그러므로 매수하기 전에 모든 조항을 아주 꼼꼼하게 읽어라.

고수익 채권High-yield bonds

　이 채권은 금융계에서는 고수익 채권이라는 공식 명칭으로 부르지만 많은 투자자가 정크 본드라고 부른다. 이 채권은 다른 채권보다 높은 수익률 또는 이자율을 제공한다. 정크 본드는 1980년대에 이반 보스키Ivan Boesky와 마이클 밀켄Michael Milken이 연루된 사태에서 드러난 대로 위험한 투자상품이다. 이 악명 높은 금융인들은 정크 본드를 활용하여 다른 투자를 하다가 실패했다. 이 사태를 계기로 투자계는 정크 본드의 위험성을 인식하게 되었다. 두 '정크 본드 킹'은 아무런 담보 없이 채권을 발행했다. 그래서 만기가 되었을 때 원금을 상환할 자금이 없었다. 결국 투자자들 손에는 쓸모없는 종이 조각만 남았다. 정크(쓰레기) 본드라는 이름이 거기서 나왔다.

고수익 채권은 등급 외 채권이다. 성장 중이거나, 구조조정 중이거나, 이유가 무엇이든 디폴트 위험이 큰 것으로 간주하는 기업들이 고수익 채권을 발행한다. 또한 합병 과정에서 갚아야 할 부채가 있는 경우에도 종종 발행한다. 그래서 합병에 필요한 자금을 조달하는 수단으로 활용된다.

고수익 채권 또는 정크 본드는 디폴트 위험과 함께 시장가치가 빠르게 하락할 위험을 수반한다. 고수익 채권을 발행하는 기업은 고등급 채권을 발행하는 기업만큼 안정되어 있지 않다. 그래서 주가가 하락하면 채권의 시장가치도 같이 하락한다. 이 경우 매매가 아주 어려워지기 때문에 유동성이 사라진다.

때로 기업은 초기에 저등급, 고수익 채권을 발행한다. 이후 사업을 잘 운영하여 매출이 늘어나면 고등급 채권을 발행할 수 있는 수준에 이른다. 그래서 단기적으로 그들이 초기에 발행한 저등급 채권을 통해 높은 이자를 받을 수 있다. 다만 해당 기업은 더 낮은 이자에 채권을 발행할 수 있게 되자마자 기존 채권을 조기 상환할 것이다.

큰 잠재력을 지녔지만 아직 본궤도에 오르지 못한 기업을 찾았다면 해당 기업이 발행하는 고수익 채권을 노려볼 만하다. 그만큼 과감하지 않다면 고수익 채권 뮤추얼펀드를 선택할 수 있다. 이 뮤추얼펀드는 모든 달걀을 고위험 바구니에 담지 않도록 당신의 투자금을 분산한다. 그래서 한 기업이 디폴트 상태가 되어도 펀드에 편입된 다른 기업에 대한 투자를 유지할 수 있으며, 그중 일부는 번창할 수도 있다.

주택저당증권MBS

1980년대부터 인기 있는 채권 범주가 된 주택저당증권MBS은 수익성이 매우 높고, 엄청나게 복잡하며, 매우 위험한 투자 선택지다. 여기서 핵심 내용은 복잡하다는 것이다. 일부 저당담보증권(특히 CMO 또는 부채담보부증권collateralized mortgage obligation 종류)은 너무 복잡해서 초보 투자자에게 적합하지 않다. 실제로 이 증권은 2008년에 발생한 대규모 금융위기의 주된 원인이었다. 그래도 가장 기본적인 형태의 주택저당증권은 소득 중심 포트폴리오에 추가하기 좋다.

금융기관은 주택담보대출 포트폴리오의 일부를 투자자에게 판매하여 주택저당증권을 만드는 데 도움을 준다. 투자자들은 기본적으로 주택담보대출 집합물의 일부를 사는 것이다. 그들은 거기서 나오는 현금흐름(주택담보대출 상환금)에 따른 이익을 얻는다. 주택담보대출 상환금이 들어오면 이자와 원금이 투자자에게 지불된다.

현재 투자자가 매수할 수 있는 여러 유형의 주택저당증권이 있다. 가장 흔한 것은 연방기관인 국립주택대출공사Government National Mortgate Association, GNMA가 발행하는 지니 매 이체증권pass-through Ginnie Mae이다. 국립주택대출공사는 투자자들이 제때 이자와 원금을 받을 수 있도록 보장한다. 투자자들은 원금과 함께 높은 이자를 받을 수 있다. 원금 상환율은 현행 금리에 따라 다르다.

당신의 포트폴리오를 위한 채권 선택

성공적인 채권투자의 관건 중 하나는 분산화다. 폭넓은 만기를 지닌 채권을 보유하면(흔히 '사다리 타기laddering'라고 부르는 전략) 금리가 날뛸 때 포트폴리오가 큰 타격을 입지 않도록 만드는 데 도움이 된다. 이 때 평균 만기가 전반적인 재무 계획과 맞아야 하며, 포트폴리오를 전체적으로 분산하는 데 도움이 되어야 한다. 또한 위험도가 다른 채권들을 보유하면 안전마진과 함께 수익을 늘릴 수 있다.

어떤 채권을 매수할지 결정할 때 여러 개인적 사안을 고려해야 한다. 가장 먼저 고려할 사안은 세금이다. 일부 채권, 주로 국채는 비과세 혜택을 제공한다. 이는 높은 세율구간에 속하는 투자자에게 매우 매력적일 수 있다. 동시에 비과세 채권을 보유하면 최저한세alternative minimum tax 규정이 발동하여 세금이 늘어날 수 있다. 고려해야 할 또 다른 요소는 물가상승률이다. 나머지 소득이 물가상승률의 부정적 영향으로부터 비교적 안전하다면 굳이 위험한 채권을 선택할 필요가 없다.

일반적으로 대다수 사람은 국채, 지방채, 고등급 회사채 같은 양질의 채권으로 채권투자의 대부분을 채우는 것이 좋다. 이 세 가지 유형의 채권을 혼합하는 것에만 집중하는 것보다 낫다. 이런 유형의 채권들은 정크 본드와 달리 포트폴리오의 주식 부분이 수반하는 위험을 상쇄한다. 높은 수익률을 바란다면 고위험, 고수익 채권에 투자하는 것보다 주식에 약간 더 많은 자금을 할당하는 것이 낫다.

018

뮤추얼펀드
투자로 가는 쉬운 길

펀드투자는 특히 초보자의 경우 개별 종목 투자보다 훨씬 쉬울 수 있다. 무엇보다 개인투자 자문 서비스 비용보다 훨씬 저렴하게 정상급 펀드매니저의 서비스를 받을 수 있다. 그들은 대개 당신이 투자하는 분야나 업종의 전문가다. 즉, 당신은 전문가가 될 필요가 없다.

또한 '입문' 요소도 있다. 요컨대 펀드투자는 저렴하다. 많은 경우 적게는 25달러나 50달러만으로 펀드에 투자할 수 있다. 여기에 유연성, 선택지, 관리 용이성 그리고 주식 펀드가 장기간에 걸쳐 대체로 긍정적인 성과를 냈다는 사실까지 더하면 펀드가 인기를 얻는 이유를 알 수 있다.

일반적으로 뮤추얼펀드는 미국에서 만들어진 것으로 알려져 있다. 하지만 뮤추얼펀드에 대한 아이디어는 1800년대 중반에 유럽에서 탄생했다. 이 아이디어가 처음 미국에 전파되었을 때 하버드대학교의 일부 직원들은 미국 최초의 공동 투자 기금을 만들었다. 그때가 1893년이었다. 약 30년 후 최초의 공식 뮤추얼펀드가 만들어졌다. 매사추세츠 인베스터스 트러스트Massachusetts Investors Trust로 불린 이 펀드는 당시 투자계에서 조롱받았다. 그들은 뮤추얼펀드가 큰 인기를 끌 줄 전혀 몰랐다. 현재 미국만 해도 수조 달러가 뮤추얼펀드에 투자된다.

뮤추얼펀드란 무엇인가?

뮤추얼펀드는 일군의 투자자들이 더 나은 성과를 얻기 위해 돈을 합침으로써 공통의 투자 목표를 보다 효율적으로 이루는 기회를 제공한다. 뮤추얼펀드는 금융 전문가들이 운용하며, 투자자들이 모은 자금을 특정한 투자상품, 대개 주식이나 채권에 투자한다. 뮤추얼펀드에 투자하면 해당 펀드의 주주가 된다.

부분의 합

뮤추얼펀드는 꾸준한 소득을 제공할 수도 있고, 단기 또는 장기에 걸친 성장을 추구할 수도 있다. 펀드의 성공은 부분의 합에 좌우된다. 여기서 부분은 펀드의 포트폴리오를 구성하는 개별 주식이나 채권을 말한다.

카풀이 회원의 교통비를 줄여서 돈을 아껴주듯이 뮤추얼펀드는 개별 투자자의 거래비용을 줄여준다. 펀드 가입자는 전체 가입자의 일원으로서 혼자서 할 때보다 훨씬 낮은 거래비용으로 투자할 수 있다. 하지만 뮤추얼펀드의 최대 장점은 분산화다. 분산화, 접근의 용이성, 숙련된 전문가의 운용은 뮤추얼펀드가 큰 인기를 끈 세 가지 주요 요인이다.

뮤추얼펀드의 역사

현재 뮤추얼펀드의 수는 1만 개가 넘는다. 하지만 1991년까지만 해도 그 수는 3,000여 개에 불과했다. 1996년 말에는 뮤추얼펀드의 수가 6,000개였다. 주식 펀드는 시장에 대응하는 수단으로 늘어나고 있다. 주식 펀드에 가입하면 언제, 무슨 종목을 매수할지 결정하지 않아도 되기 때문이다.

채권 펀드도 늘어나고 있다. 그 이유 중 하나는 개별 채권을 이해하기 어렵기 때문이다. 채권 펀드는 또한 일반 투자자가 혼자 매수할 때보다 더 많은 채권을 보유하는 수단이기도 하다. 머니마켓펀드Money Market Fund, MMF는 은행 계좌에 대한 안전한 대안(연방예금보험공사의 보장을 받지 못하기는 하지만)으로서 더 높은 이자를 제공한다.

늦게는 1950년대 초까지 뮤추얼펀드에 가입한 미국인의 비율은

1% 미만이었다. 펀드의 인기는 1960년대에 조금 높아졌다. 하지만 뮤추얼펀드가 성장한 최대 요인은 개인퇴직계좌individual retirement account, IRA였다. 1981년에 법률이 개정되면서 이미 기업연금에 가입한 사람도 1년에 최대 2,000달러를 비과세 퇴직계좌에 납입할 수 있게 되었다. 이 돈은 뮤추얼펀드(및 다른 투자상품)에 투자할 수 있었다. 뮤추얼펀드는 이제 401(k), IRA, 로스Roth IRA(7장에서 자세히 소개함) 같은 퇴직 계좌의 중심이다.

최초의 인덱스 펀드

최초의 인덱스 펀드는 뱅가드Vanguard가 제공했다. 1976년에 뱅가드 창립자인 존 보글이 만든 퍼스트 인덱스 인베스트먼트 트러스트First Index Investment Trust가 그것이다. 이 펀드는 현재 뱅가드 500 인덱스 펀드Vanguard 500 Index Fund로 불리며, 2000년 11월에 약 1,000억 달러의 자산을 보유한 최대 규모의 뮤추얼펀드가 되었다.

1980년대 말 무렵, 머니마켓 뮤추얼펀드가 약간 숭배의 대상이 되었다. 이 펀드는 준수한 수익과 유동성 그리고 보유 금액에 대해 수표를 발행할 수 있는 혜택을 제공했다. 하지만 잠재적 투자자들은 더 많은 것을 원했다. 뒤이어 컴퓨터와 기술 덕분에 정보를 보다 쉽게 확보

할 수 있게 되면서 1990년대에 뮤추얼펀드의 시대가 열렸다. 인터넷은 금융기관들이 텔레비전 광고나 지면 광고를 통할 때보다 훨씬 많은 정보를 제공할 수 있게 해주었다. 그들은 금융지를 읽는 월스트리트 사람들뿐 아니라 모두에게 접근했다. 사람들은 쉽게 시장에 대응하고 다양한 주식과 채권에 자금을 분산할 수 있다는 사실을 알게 되었다.

오늘날의 뮤추얼펀드

모든 건실한 금융기관은 투자자가 선택할 수 있는 폭넓은 펀드를 갖추고 있다. 실제로 2014년 기준으로 미국 가구의 43%에 해당하는 5,100만 가구가 적어도 하나의 뮤추얼펀드를 보유하고 있다. 즉, 약 9,000만 명이 펀드의 주주라는 뜻이다. 중위 투자액은 10만 3,000달러다. 세계적으로는 26조 달러 이상이 뮤추얼펀드에 투자되었다.

요즘은 전화나 컴퓨터를 통해 쉽게 펀드에 가입할 수 있다. 펀드 패밀리fund family(여러 펀드를 운용하는 대형 투자사나 증권사)들은 온라인 매매의 인기가 급증한 것을 확인했다. 그들은 모든 투자자가 쉽게 펀드에 접근할 수 있도록 무료 전화번호와 웹사이트를 만들었다. 그래서 펀드를 사고파는 일이 쉬워졌다. 우편 주문으로도 매매할 수 있다.

온라인 거래는 언제든 집에서 편하게 거래할 수 있도록 해준다. 주요 금융 정보 제공업체가 선정한 톱 10, 20, 50 펀드를 어렵지 않게 확인할 수 있다. 그다음 온라인으로 매수하면 된다. 그래서 자칫 매매에 중독되어 과도한 매매를 하기 쉽다. 온라인 및 무료 전화번호를 통한 매매의 접근성와 용이성은 수많은 열성적인 투자자들을 곤경에 빠뜨렸다. 많은 신규 투자자는 빠르게 수익을 내고 싶어 한다. 하지만 장기적으로 투자에 성공하고 싶다면 인내심과 리서치 기술을 키워야 한다.

분산화

펀드투자는 단일 종목을 보유하는 것보다 덜 위험하다. 전문가가 운용하고 분산화가 이루어지기 때문이다. 펀드는 당신이 모든 작업을 하지 않아도 분산화를 제공한다. 펀드는 소수의 엄선된 종목부터 100여

개의 주식, 채권, 머니마켓 상품까지 다양한 폭의 자산을 보유할 수 있다. 20개에서 25개의 종목만 보유하는 펀드도 있고, 1,000개의 종목을 보유하는 펀드(가령 슈왑Schwab 1000이라는 펀드)도 있다.

이런 분산화는 당신이 감수하는 위험의 많은 부분을 최소화한다. 모든 돈을 한 종목에 투자하면 해당 종목의 주가에 모든 것이 걸려 있다. 6개의 종목을 매수하면 위험이 줄어든다. 6개 종목 모두가 한꺼번에 하락할 가능성은 보다 작기 때문이다. 3개 종목은 상승하고 3개 종목은 하락하면 균등해진다.

뮤추얼펀드는 수를 늘려서 안전을 확보한다는 같은 원칙을 따른다. 펀드가 수반하는 위험의 정도는 다양하다. 그러나 다수의 뮤추얼펀드는 고위험 상품과 저위험, 즉 보다 안전한 상품으로 균형을 맞추어서 위험을 제한한다. 분산화는 투자자에게 이득을 제공한다. 주식시장이든 채권시장이든 시장의 큰 변동으로부터 보호해주기 때문이다.

하나 이상의 펀드에 가입하면 추가적인 분산화가 이루어진다. 다른 유형의 펀드에 자산을 배분할 수 있다. 다른 범주에 속한 두어 개의 펀드에 가입하면 분산화의 정도는 크게 늘어나고, 기술적 위험은 크게 줄어든다. 가령 다음과 같이 포트폴리오를 구성할 수 있다.

- 보수적인 채권 펀드
- 인기 산업에서 수익을 내기 위한 기술주 펀드

처음 시작하는 이들을 위한 최소한의 주식투자 이해하기

- 고위험 해외주 펀드
- 저위험 우량주 펀드
- 성장주 펀드

다만 한 번에 6개나 7개 이상의 펀드를 보유하는 것은 바람직하지 않다. 이 경우 다시 균형을 맞춰서 강력한 포트폴리오를 구성해야 한다. 요점은 포트폴리오에서 더 보수적이거나 덜 보수적인 상품 또는 고위험 상품과 저위험 상품 사이의 균형을 맞추는 것이다. 분산화의 정도는 필요에 따라 정하면 된다. 어떤 투자자는 채권 펀드에 10%, 성장주 펀드에 20%, 기술주 펀드에 30%를 할당할 수 있다. 다른 투자자는 기술주 펀드에 5%, 우량주 펀드에 40%를 할당할 수 있다. 모두에게 맞는 하나의 주식투자 전략이 없는 이유가 여기에 있다.

펀드투자를 분산해야 한다는 말은 이상하게 들린다. 펀드가 하는 일이 분산 투자이기 때문이다. 하지만 펀드 분산 투자는 건실한 투자 포트폴리오를 구축하기 위한 작업의 일환이다. 뮤추얼펀드는 많은 부분의 합이다. 따라서 다른 펀드를 포트폴리오에 넣는 것이 좋다. 펀드 분산 투자를 해야 하는 또 다른 중요한 이유는 여러 업종, 산업, 자산군에 걸쳐서 자산을 분산하는 것이다. 펀드매니저는 아무리 능력이 뛰어나다고 해도 해당 펀드가 정한 목표와 방향에 구속된다.

펀드매니저의 중요성

인기 펀드를 성공적으로 운용하는 매니저는 금융계의 록스타처럼 금융 토크쇼에 출연한다. 또한 책을 쓰기도 하며, 금융계의 화제가 된다. 연이은 성공이 끝날 때까지는 말이다. 1990년대 말에 펀드 열풍이 불었을 때 펀드매니저의 성패는 금융계뿐 아니라 주류 언론에서도 화제가 되었다. 당시 주류 언론은 투자자에게 엄청난 수익(또는 손실)을 안기는 펀드매니저들에게 관심을 갖기 시작했다.

파산 기록 전무

뮤추얼펀드와 관련된 인상적인 사실이 하나 있다. 1940년 이후 단 하나의 뮤추얼펀드도 파산하지 않았다. 반면 은행과 다른 저축기관은 파산한다. 이 점은 펀드가 인기를 끄는 또 다른 이유 중 하나다. 75년 동안 단 한 건의 파산도 없다니, 대단하지 않은가?

전문적인 펀드매니저는 미국에서 펀드가 인기를 끄는 또 다른 요인이다. 펀드매니저는 국내외 펀드시장의 복잡한 사정을 잘 안다.

좋은 펀드매니저인지 파악하려면 지난 수년 동안의 실적을 살펴라. 지금 맡고 있는 펀드 또는 이전에 맡았던 펀드에서 꾸준한 실적을 올렸는지 확인하라. 또한 펀드가 추구하는 재정적 목표를 충족했는지도 확인해야 한다. 가령 보다 보수적인 성장형 펀드와 소득형 펀드를 찾는다면 고위험 투자를 하면서 펀드를 다른 방향으로 끌고 가는(업계에서는 '스타일 이탈style drift'이라고 함) 펀드매니저를 피해야 한다. 안타깝게도 이리저리 눈길을 돌리다가 펀드가 명시한 목적에 맞지 않는 주식을 매수하는 펀드매니저들이 생각보다 많다. 다른 한편으로는 펀드의 실적이 부진할 때 고객의 투자금을 지키기 위해 투자 스타일을 바꾸는 노력을 높이 평가할 수도 있다.

펀드의 포트폴리오도 잘 살펴야 한다. 펀드가 매수하는 모든 종목을 잘 알지는 못하더라도 최신 추세를 따르는지, 아니면 역행하는지는 확인할 수 있다. 가령 자동차 산업 같은 특정 산업이 부진한데 펀드매니저가 관련 종목을 대거 매수한다면 두 가지 경우 중 하나다. 펀드매니저가 나중에 반전이 이루어질 것을 예상하고 미리 매수하는 것이거나(가치투자), 시장 동향을 제대로 파악하지 않고 있는 것이다.

펀드 운용팀의 변화도 확인해야 한다. 새로운 펀드매니저는 특정 펀드의 구조 안에서 목표를 충족할 수 있음을 증명해야 한다. 펀드 규모와 자산도 중요하다. 20억 달러 규모의 펀드를 잘 운용했던 매니저가 200억 달러 규모의 펀드는 그만큼 편안하게 운용하지 못할 수도 있다. 펀드매니저가 분석팀과 긴밀하게 협력하는지, 아니면 독자적으로 분석하는지도 알아야 한다. 후자의 경우, 해당 매니저가 다른 펀드로 옮기면서 혼자만 아는 정보까지 갖고 가면 문제가 생길 수 있다.

> **기록을 확인하라**
>
> 2001년의 하락장과 2008년의 불경기 때 펀드매니저가 어떻게 대응했는지 확인하라. 해당 펀드가 얼마나 빨리 손실을 회복했는지 보라. 해당 매니저가 공황 상태에 빠져서 극단적인 대응을 했는가, 아니면 강인하게 버티면서 역경을 견뎠는가? 당연히 매니저의 대응에 대한 평가는 펀드의 유형과 보유 자산에 따라 달라야 한다.

「포브스」, 「키플링거스Kiplinger's」, 「머니」 같은 금융지 그리고 모닝스타닷컴Morningstar.com 같은 사이트는 펀드의 등급을 매긴다. 또한 펀드매니저에 대한 정보 또는 프로필을 제공하는 경우도 많다. 실적이 얼마나 꾸준한지 살피는 것이 중요하다. 펀드를 장기간 보유할 생각이라면 매니저가 이 펀드, 저 펀드로 옮겨 다닌 것은 좋은 징조가 아니다. 또한 해마다 펀드를 책임지는 매니저가 바뀌는 것도 바람직하지 않다.

펀드 운용 방식
펀드 패밀리와 투자 스타일

펀드 패밀리는 한 펀드사에서 운용하는 대규모 펀드 집단을 말한다. 각 펀드사에서 하나의 펀드만 보유하는 것보다 한 펀드사의 펀드 패밀리를 보유하면 종종 수수료가 더 낮아진다. 대개 전반적인 투자를 통해 비용을 낮출 수 있기 때문이다. 다만 펀드 패밀리가 흔들리기 시작하면 모든 달걀을 하나의 위태로운 바구니에 담아둔 셈이 된다.

각 펀드의 투자 스타일은 구체적이어야 한다. 펀드가 정확히 어떤 유형의 증권을 보유하는지, 각 증권 유형의 대략적인 비중은 어느 정도인지, 얼마나 적극적으로 운용하는지 알아야 한다. 가령 인덱스 펀드는 적극적으로 운용되지 않으며, 근본적으로 해당 지수와 같은 증권을 보유한다. 반면 공격적인 성장주 펀드는 매우 적극적으로 운용되며, 정기적으로 보유 종목을 바꿀 수 있다.

하나 이상의 펀드에 투자할 경우 각 펀드의 투자 스타일(및 보유 증권)이 겹치지 않도록 하는 것이 중요하다. 가령 주식 펀드, 채권 펀드, 균형 펀드balanced fund에 모두 가입하는 것은 의미가 없다. 균형 펀드가 이미 주식과 채권을 보유하기 때문이다. 또한 전반적인 포트폴리오 전략에 부합하는 펀드를 선택하고, 최적의 자산 배분을 유지해야 한다.

로드load 펀드 혹은 노로드no-load 펀드?

로드 펀드는 수수료 또는 보수를 부과한다. 노로드 펀드는 투자자가 직접 매수하는 펀드다.

노로드 펀드를 선택하는 데 도움이 되는 충분한 정보가 있다. 그러나 적당한 펀드를 찾는 데 몇 시간이 걸리고, 그 시간 동안 소득을 올릴 수 있다면 사정이 달라진다. 이 경우 수수료를 내고 로드 펀드에 가입하는 대신 그 시간을 다른 방식으로 활용하는 편이 낫다.

요즘은 모든 것이 그렇듯이 선택지는 두 가지 이상이다. 노로드 펀드가 로드 펀드보다 우위에 서자 많은 펀드사가 사실상 수수료를 내는 노로드 펀드를 제공하기 시작했다. 기본적으로 이 펀드는 수수료를 처음에 내지 않고 나중에 낸다. 그 수수료가 구체적인 혜택에 대한 것이든, 개인별 투자 보고서에 대한 것이든, 다른 부가 서비스에 대한 것이든지 간에 결론적으로 수수료가 없는 것은 아니다. 펀드사가 교묘하게 수수료를 물리는 많은 방식이 있다. 그러니 투자설명서를 꼼꼼하게 읽어라. 숨겨진 비용이 드러나면 다른 펀드를 찾는 것이 좋다. 요컨대 다른 이름이 붙은 노로드 펀드는 사실상 로드 펀드다. 신규 투자자는 로드 펀드든, 노로드 펀드든 기본적인 펀드를 고수하는 것이 바람직하다.

보수, 경비, 운영비

뮤추얼펀드는 분명히 투자 비용을 낮춰준다. 하지만 노로드 펀드를 비롯한 모든 종류의 펀드에 가입하면 온갖 보수와 경비가 수반된다. 보수의 종류는 아주 다양하다. 따라서 보수를 확인하고 이해하는 것이 중요하다.

펀드사가 서비스를 제공하고, 펀드를 운용하는 대가로 주주가 내야 하는 여러 비용이 있다. 이는 일반적으로 운용 수수료로 제시된다. 증권거래위원회는 펀드사가 주주들에게 모든 관련 비용을 명확하게 알리는지 긴밀하게 감시한다. 그래도 보수와 관련된 기본적인 내용을 이해하고 무엇을 살펴야 할지 감을 잡는 것이 중요하다. 어차피 시장에는 수천 개의 펀드가 있다. 일부 펀드사는 보수를 부과하는 새롭고 창의적인 방식을 고안했다. 하지만 대다수는 어디에 비용이 드는지 아주 분명

하게 밝힌다. 해외 펀드는 해외 주식을 다루기 때문에 대개 국내 펀드
보다 운용 수수료가 높다.

수수료를 아껴라

같은 패밀리에 속한 여러 펀드에 가입하는 데 따른 장점 중 하나는 한 펀드
를 매도하고 다른 펀드로 갈아탈 때 수수료를 아낄 수 있다는 것이다. 또한
서류 작업도 피할 수 있다. 이것만 해도 많은 시간을 아낄 수 있다.

뮤추얼펀드는 펀드 패밀리의 구조에 속한 작은 사업체처럼 운영된
다. 그래서 금융 그룹을 광고하는 경우처럼 인쇄물과 비용을 공유한다.
그래도 펀드 패밀리의 관점에서 각 펀드는 개별적으로 처리된다. 다시
말해서 펀드 A에 지불한 비용은 펀드 B의 매니저에게 보수로 지급되
지 않는다.

일반적인 보수의 종류는 다음과 같다.

- **서비스 보수**: 이 보수는 고객의 펀드 관련 질문에 답변하고 정보를
  제공하며, 펀드에 대해 조언하는 설계사, 애널리스트, 중개인에게
  주는 보상이다. 회계 및 법률 서비스도 포함될 수 있다.
- **관리 보수**: 이 보수는 사무직원과 사무실 그리고 설비를 비롯하여

사업을 운영하는 데 필요한 다른 필수적인 요소에 대한 것이다. 때로 이 보수는 운용 보수에 흡수된다. 사무실 경비에는 온라인 지원 및 정보, 수표 처리, 감사, 기록 관리, 주주 보고서, 인쇄물 등이 포함된다.

- **운용 보수**: 이 보수는 펀드매니저에게 비율에 따라 주어진다. 보수 비율은 고정되거나 수익률을 토대로 펀드의 성장에 맞춰서 정해진다. 일반적으로 자산이 클수록 비율이 낮다.

- **12b-1 보수**: 이 보수(대개 연간 운용 자산의 0.25에서 1.00%)는 주로 펀드를 위한 마케팅 및 광고에 사용된다. 그래서 펀드의 광고 예산을 뒷받침하며, 펀드가 성장하는 데 도움을 준다. 실제로 일부 펀드는 광고 덕분에 펀드가 성장하면서 전반적인 비용률이 낮아졌다고 말한다.

운영비도 뮤추얼펀드의 일부다. 이는 펀드를 유지하는 데 들어가는 비용을 말한다. 운영비는 관리 보수처럼 애널리스트와 매니저에 대한 자문 수수료를 포함한다. 범위는 0.25% 이하에서 2.5% 이상에 걸쳐 있다. 펀드사가 수익에서 얼마나 많이 가져가는지 판단하려면 운영비를 확인하는 것이 중요하다. 명민한 투자자들은 펀드를 비교할 때 운영비를 확인한다. 펀드는 그들을 위해 대량 매수를 통해 중개 수수료를 아껴준다. 개인적으로 주식을 매수하면 중개 수수료는 계속 누적된다.

펀드 보고서 분석

펀드의 연간 또는 반기 보고서는 펀드의 성과를 측정하는 수단이다. 보고서에 담긴 가장 중요한 정보는 자산 보유 내역이다. 이 목록을 자세히 살펴서 매니저가 '스타일 이탈'을 하고 있지 않은지 확인하라. 소형주를 매수해야 할 펀드가 갑자기 대형주에 투자하거나, 회사채 펀드가 갑자기 국채를 모으고 있을 수도 있다.

또한 몇 가지 의문이 생길 수 있다. 이 펀드는 내가 원하는 위험도를 지키고 있는가? 아니면 너무 공격적이거나 보수적인가? 펀드가 비슷한 종목들로 더 많이 이동하여 분산화 수준이 낮아지고 있는가? 현재 자산 배분이 나의 계획에 부정적인 영향을 미치는가? 자산 보유 내역은 해당 펀드가 어떤 기업을 건실하게 보는지도 말해준다. 그 목록에 동의하는지 확인하라. 보유 종목 전체를 알지는 못할 수 있다. 그래도 몇 개는 조사해야 한다.

포트폴리오의 자산 보유 내역에서 확인해야 할 중요한 데이터는 다음과 같다.

1. **익숙한 기업**: 코카콜라 같은 유명 기업의 이름은 소형주 펀드에는 나오지 않을 것이다. 그래도 해당 펀드에서 주식을 보유한 작은 기업들을 확인해야 한다. 단지 펀드를 보유했다고 해서 해당 기업과

종목의 동향을 살피지 않아도 되는 것은 아니다. 보유 종목 중에서 마음에 들지 않는 종목이 있다면 보다 유망하다고 생각되는 종목을 보유한 다른 펀드를 찾아라.

2. **포트폴리오 집중도**: 보고서는 포트폴리오의 내역뿐 아니라 각 부문에 얼마나 많이 또는 몇 %씩 투자했는지도 알려준다.

3. **실적**: 실적이 좋은 펀드는 당연히 그 사실을 강조한다. 반대로 실적이 나쁘면 확인하기 어려울 수도 있다.

펀드의 장·단기 실적을 모두 확인해야 한다. 특정한 (그리고 연관된) 지수와 비교하여 수익률이 어떤지도 분석 내용에 포함해야 한다. 실적이 좋거나 나쁜 이유에 대한 설명도 제공되어야 한다. 어떤 요소가 실적에 영향을 미쳤는가? 보고서는 또한 운용팀이 무엇을 하고 있는지 알려야 하고, 미래에 대한 계획을 제시해야 한다.

연례 보고서를 읽고 나면 펀드를 계속 보유해도 되겠다는 믿음이 생기거나, 처분해야겠다는 마음이 들 것이다. 적절한 정보가 부족하다고 느끼거나, 보고서의 내용을 이해하기 어려우면 어떻게 해야 할지 모르는 경우도 있다. 이런 때에는 모닝스타닷컴이나 「키플링거스」, 「월스트리트저널」 같은 온·오프 매체에 나오는 관련 내용을 참고해야 한다. 최대한 자주 펀드의 실적을 확인하라. 실적이 만족스럽지 않다면 언제든 처분할 수 있다. 궁금한 점이 있으면 펀드사에 문의하라. 어차피 당신이 내는 운용 보수에는 서비스 요금이 포함되어 있다. 그러니 질문에 대답하는 서비스를 받아라. 펀드가 투자에 대한 믿음을 심어주지 못한다면 당신에게 맞는 투자 대상이 아니다. 당신의 돈을 투자하는 것임을 명심하라!

펀드 지분 거래

지금까지 펀드투자의 장·단점을 살폈다. 이제 다음 단계를 밟을 차례다. 각 투자자의 목표에 따라 평가해야 할 수많은 요소가 있다. 그러나 모든 투자 대상의 경우와 마찬가지로 대답해야 할 아주 중요한 질문이 있다. 어떻게 펀드투자로 돈을 벌 것인가?

성장을 위한 펀드

높은 운용 비용과 수수료에 대한 흔한 불평에도 불구하고 뮤추얼펀드는 근래에 큰 실적을 기록했다. 이 추세가 얼마나 오래갈지는 다양한 요인에 의해 좌우된다. 거기에는 경기, 주식시장, 성공적인 펀드매니저의 수 등이 포함된다.

펀드투자를 통해 주식투자와 같은 방식으로 돈을 벌 수 있다. 매수가보다 높은 순자산가치NAV로 지분을 매도하면 수익이 난다. 펀드는 단일 종목처럼 행동한다. 총수익률은 펀드가 보유한 모든 주식과 채권 그리고 다른 증권의 실적을 토대로 삼는다. 그래서 포트폴리오에 포함된 일부 주식이 부진하다고 해서 해당 주식만 제거할 수 없다. 펀드에 포함된 고수익 주식도 마찬가지다. 높은 주가에 현금화하려고 해당 주식만 매도할 수 없다. 매도하려면 펀드 지분을 전체적으로 매도해야 한다. 그리고 현재 가치가 처음에 매수한 가격보다 높기를 바라야 한다. 펀드의 실적이 좋아도 혜택을 누릴 수 있다. 강한 실적은 순자산가치를 높여주기 때문이다.

펀드사로부터 직접 펀드를 매매할 수 있다. 펀드사에 전화를 걸어서 신청서를 요청하면 된다. 신청서를 작성하고, 수표를 쓴 다음, 펀드사로 보내라. 매도하는 경우 펀드사에 전화를 걸거나 서신을 보내서 어떤 펀드의 지분을 얼마나 처분할지 통보하고, 수표(또는 계좌 입금)를 기다리면 된다.

여러 펀드(특히 여러 펀드 패밀리에 속한 펀드)에 투자하려는 경우 디스카운트 증권사를 이용하는 것이 간편하다. 물론 수수료를 내야 한다(대개 아주 소액). 그래도 수많은 양식을 직접 작성할 필요가 없다. 그냥 한 장의 신청서만 작성하면 된다. 또 다른 혜택은 여러 펀드사에서 따로 계좌 내역을 받는 것이 아니라 거래 증권사에서 통합 내역을 받으면 된다. 그래서 세금 신고 시 아주 편리하다.

분할 적립 투자dollar-cost averaging

펀드투자에서 잘 통하는 한 가지 전략은 분할 적립 투자다. 이는 기본적으로 시장 상황이 어떻든 간에 정기적으로 일정한 금액을 펀드에 넣는 것이다. 퇴직연금과 기업연금은 인출 제한만 있을 뿐, 대개 이런 방식으로 운영된다.

퇴직연금이나 기업연금처럼 매주 또는 매달 같은 금액을 펀드에 투자하려는 투자자들이 많다. 이 경우 일정한 수의 주식을 사는 방식과 달리 시간이 지남에 따라 주당 평균 매수가가 낮아진다. 같은 금액을 넣기 때문에 주가가 낮으면 더 많이 사게 되고, 주가가 높으면 더 적게 사게 된다.

분할 적립 투자는 또한 '시장의 타이밍을 맞추는' 문제도 제거한다. 이 문제는 포트폴리오를 망가뜨릴 수 있다. 근래에 시장의 변동이 심해지면서 타이밍을 맞추기가 특히 어려워졌다. 펀드매니저는 타이밍을 맞추기 위해 상당한 시간을 들이지만, 그 결과는 제각각이다. 초보 투자자는 절대 시도하지 말아야 한다.

분할 적립 투자는 때로 감정적인 어려움을 안길 수 있다. 꾸준히 투자하는 방식이기 때문에 약세장에서도 투자해야 한다. 하지만 이는 좋은 일이 될 수 있다. 유능한 펀드매니저는 주가 하락을 가장 잘 버틸 종목들로 포트폴리오를 채울 것이라는 사실을 알 때는 더욱 그렇다.

펀드의 유형

원하는 유형 찾기

시장에서 가장 흔히 이야기되는 뮤추얼펀드는 주식(또는 주식형) 펀드
다. 하지만 주식 펀드만 있는 것은 아니며, 주식 펀드가 반드시 최고의
펀드도 아니다. 핵심 자산이 무엇이든 간에 잠재적 투자 수익은 종종
성공적인 펀드매니저에게서 나온다. 그들은 펀드에 손실 종목보다 수
익 종목을 더 많이 모은다. 또한 수익 종목의 비중도 더 크다. 모든 투
자의 경우가 그렇듯이 당신이 할 일은 투자 대상을 이해하는 것이다.
펀드매니저가 어려운 일을 대신해준다고 해도 말이다.

지금은 코카콜라도 클래식, 다이어트, 체리, 무카페인, 무카페인 다
이어트, 제로 등 수많은 종류가 나오는 시대다. 그러니 펀드의 범주가
다양한 것도 놀랄 일이 아니다. 펀드시장이 커지면서 더 많은 유형의
펀드가 만들어졌고, 그만큼 혼란이 가중되었다. 이 장은 펀드의 유형을

명확하게 이해하는 데 도움을 줄 것이다.

주식 펀드를 선택할 때 먼저 펀드의 전반적인 목표를 알아야 한다. 가령 보수적으로 장기적 성장을 추구하는가, 공격적으로 단기적 성장을 추구하는가? 또한 가입하기 전에 현재 보유하고 있는 종목의 목록을 살펴야 하며, 펀드매니저가 목표로 제시한 행동 계획을 따르고 있는지 확인해야 한다. 지수 추종, 소득, 자본 성장, 가치 또는 슈퍼스타 업종 등 어디에 관심이 있든지 간에 주식 펀드의 세계에서 해당 펀드를 찾을 수 있다.

인덱스 펀드

인덱스 펀드는 특정 지수를 추종하며, 해당 지수를 구성하는 종목을 동일하게 보유한다. 인덱스 펀드는 수동적으로 운용되며, 거래를 많이 하지 않기 때문에 비용이 낮은 편이다. 인덱스 펀드의 투자 목적은 지수를 그대로 따라가는 것이다. 가장 인기 있는 지수는 S&P 500이다. S&P 500은 1987년부터 1997년까지 일반적인 주식 펀드의 81%보다 높은 수익률을 기록했다. 그러다가 2001년부터 2007년 사이에는 적극적으로 운용되는 펀드의 약 절반에 뒤처졌다. 인덱스 펀드는 2008년의 하락장 동안에 가치를 증명했다. 이는 적극적 운용 방식이 약세장

처음 시작하는 이들을 위한 최소한의 주식투자 이해하기

에서 더 나은 성과를 낸다는 통념을 무너뜨렸다. 실제로 S&P 지수는 2008년 약세장 동안 단 하나(대형 가치주)만 제외하고 모든 범주에서 관리형 펀드보다 높은 수익률을 기록했다. 거기에는 대표적인 지수인 S&P 500도 포함되었다. 실제로 S&P 500 지수는 2008년에 전체 대형주 펀드의 54.3%보다 높은 수익률을 기록했다.

인덱스 펀드 대 관리형 펀드

뱅가드 설립자이자 지수 추종의 구루인 존 보글은 인덱스 펀드가 장기적으로 관리형 펀드의 70%를 이길 것이라고 주장한다. 이 주장이 맞으면 지수 수익률을 능가할 수 있는 충분한 펀드가 있다.

인덱스 펀드는 모두가 활용하는 성공적인 벤치마크를 따라가는 쉬운 방식을 제공한다. 그 대상은 인기 벤치마크에 한정되지 않는다. 소형주부터 남미주, 천연자원주까지 사실상 모든 유형의 투자상품을 추종하는 지수가 있다. 인덱스 펀드는 특정 업종에 들어가거나, 최대한의 분산화를 통해 성장주 및 가치주 모두에 투자할 수 있도록 해준다. 결국 벤치마크가 기준이라면 그것을 따라가지 말아야 할 이유가 있을까?

성장형 펀드와 소득형 펀드

투자의 세계에 들어서는 목적은 돈을 버는 것이다. 거기에는 두 가지 주된 방법이 있다. 바로 성장과 소득이다. 지금 매수하는 성장형 증권은 나중에 더 높은 가치를 지닐 것이다. 소득형 증권은 정기적으로 이자나 배당을 지급한다. 이 각각의 목적, 심지어 두 가지 모두를 위해 설계된 펀드들이 있다.

성장형 펀드는 현재 주가에 초점을 맞추지 않는다. 그보다 회사의 매출과 이익 그리고 주가를 상승시킬 성장 가능성을 중시한다. 이는 전통적인 '저가 매수, 고가 매도' 원칙과 다르다. 그보다는 '가격이 얼마든 매수한 다음 회사가 동력을 얻고, 성공하고, 성장하는 모습을 지켜보는 것'이다. 성장주 투자자는 신제품이나 고유한 서비스 또는 뛰어난 경영진을 토대로 엄청난 잠재력을 지닌 기업을 찾는다. 장기 성장주 펀드는 마이크로소프트처럼 크고 꾸준히 성장하는 기업을 통해 수익을 내고자 한다. 공격적 성장주 펀드는 아마존닷컴처럼 빠르게 성장하는 작은 기업을 다룬다.

공격적 성장주 펀드

때로 자본 증식 펀드capital appreciation fund라고 하는 이 펀드는 가장 많은 기사를 만들어낸다. 이 펀드는 잘되면 아주 잘된다. 실제로 일부 펀드는 엄청난 실적을 올렸다. 하지만 그 반대의 경우도 있다. 이 변동성 심한 범주는 아주 빠르게 상황이 반전될 수 있다는 사실을 알아야 한다. 공격적 성장주 펀드는 단기적으로 성장할 기업을 찾는다. 이 펀드가 위험한 투자상품인 이유이다.

소득주 펀드

소득주 펀드는 당장 꾸준한 소득의 형태로 성과를 보고자 하는 투자자에게 적합하다. 이 펀드는 배당주를 보유하며, 배당을 주주들에게 전달한다. 일부 펀드는 채권처럼 이자를 주는 증권을 보유한다. 그에 따른 수익도 펀드 보유자에게 전달된다. 해당 소득은 즉시 투자자의 것이 된다. 투자자는 정기적으로 수표를 받기보다 재투자를 선택할 수도 있다. 다만 현금으로 받든, 재투자하든 간에 세금이 부과된다는 점을 알아두어야 한다.

단순한 소득주 펀드는 속성상 보수적인 투자상품으로 간주한다. 꾸준한 실적을 올리는 기업으로부터 배당을 받아서 지급하는 것이 주된 목표이기 때문이다. 소득주 펀드의 좋은 점 중 하나는 포트폴리오에 포함된 배당 기업들은 대개 시장의 하락세에 큰 영향을 받지 않는다는 것이다.

성장주 펀드와 소득형 펀드의 혼합

주가가 오를 것으로 기대될 뿐 아니라, 배당까지 지급하는 종목을 보유하는 펀드를 선택할 수도 있다. 이 펀드는 꾸준한 소득을 제공한다. 이는 시장이 급락하는 동안에도 현금흐름을 유지하려는 모든 사람에게 매력적이다. 성장주 및 소득형 펀드는 은퇴한 후 여전히 시장에 돈을 넣어두고 싶어 하는 사람에게도 매우 적합하다. 이 펀드는 생활비를 댈 현금을 제공하는 한편, 일부 자본을 계속 투자할 수 있게 한다.

가치주 펀드와 업종 펀드

가치주 펀드는 저평가된 종목에 투자한다. 해당 기업들은 이런저런 이유로 시장에서 고전한다. 그래서 주가가 낮지만 회사의 가치는 훨씬 높을 수 있다. 때로는 시장 경쟁이 너무 과도한 것이 원인일 수 있다. 다른 경우에는 최신 기술에서 뒤처졌거나 최근에 큰 파급력을 내지 못했기 때문일 수 있다. 그래도 포트폴리오에 포함된 종목들의 주가수익 비율과 장부가치가 양호하다면 투자할 가치가 있다. 근래에 가치주 펀드는 성장주 펀드보다 낮은 수익률을 기록했다. 그러나 가치주 펀드는 '저가 매수, 고가 매도'라는 격언을 따른다. 40달러의 가치를 지니지만 20달러에 거래되는 주식은 실수의 여지가 더 많다. 그래서 주당 30달러에 매수해도 여전히 유리하다.

업종 펀드는 한 산업에 포트폴리오를 집중한다. 즉, 다양한 산업에 투자를 분산하는 것이 아니라 석유나 의료, 유틸리티, 기술 같은 특정 산업에 속한 종목들을 선택한다.

업종 펀드를 매수하는 의미는 시장의 타이밍을 맞히는 것과 마찬가지로 향후 몇 년 동안 주가가 오를 것으로 예상되는 산업을 선택하는 것이다. 가령 의료 관련 신기술은 의료 부문에서 새롭고 혁신적인 일을 하는 기업의 주식을 살피게 만든다. 인터넷 업종 펀드는 더 많은 관심을 불러일으킬 수 있다. 그러나 인터넷 사업자가 과도하게 늘어나면 주가가 바닥을 칠 수 있으니 주의해야 한다. 업종 펀드에 장기간 투자할 경우 심한 등락을 겪을 수 있다.

해외주 펀드와 글로벌 펀드

많은 투자자는 해외주 펀드와 글로벌 펀드가 같다고 생각한다. 그렇지 않다. 글로벌 펀드는 전 세계의 주식을 포함하는 반면, 해외주 펀드는 국내 주식을 포함하지 않는다. 미국의 해외주 펀드에는 미국 주식이 포함되지 않는다. 반면 글로벌 펀드는 미국 주식을 포함할 수 있다.

많은 해외주 펀드는 투자를 분산하여 전 세계 시장에서 주식을 매수한다. 반면 한 국가의 경제적 잠재력을 살피는 해외주 펀드도 있다. 해외주 전문 펀드는 지난 3년, 심지어 5년 동안 좋은 실적을 내지 못했다. 근래의 수익률도 2008년에 시작된 전 세계적인 금융위기 때문에 하락했다.

지역 펀드와 국가 펀드
해외주 펀드는 지역 펀드 또는 단일 국가 펀드로 더욱 초점을 좁힐 수 있다. 지역 펀드는 아시아나 남미 같은 특정 지역에 투자한다. 그래서 한정된 지역에서 폭넓게 접근할 수 있도록 해준다. 단일 국가 펀드는 이름이 명확하게 말해주듯이 한 국가에서 발행된 증권을 매수한다. 멕시코, 일본, 독일에 투자하는 펀드가 가장 흔하다.

해외주 전문 펀드는 대개 초보 투자자에게 적합하지 않다. 해외시장은 변동성이 심해서 위험하기 때문이다. 그래서 전체 포트폴리오에서 해당 펀드의 비중을 엄격하게 제한하는 것이 좋다. 당신이 이미 보유하고 있는 다른 펀드가 작은 부분을 해외에 투자하고 있을지 모른다. 즉, 조금씩 손을 대면서 약간의 지역적인 분산화를 제공하고 있을 수 있다. 하지만 환율 및 정치의 변화 때문에 펀드매니저들도 전 세계적으로 미래의 투자 환경이 어떻게 변할지 평가하기 어렵다.

균형 펀드와 자산 배분 펀드

균형 펀드는 이름이 말해주듯이 투자에 대한 균형 잡힌 접근법이 특징이다. 이 펀드는 주로 주식과 채권으로 구성된 복합적인 투자상품을 통해 수익을 올린다. 그래서 포트폴리오의 자산 배분을 직접 하고 싶지 않은 투자자에게 적합하다. 균형 펀드는 최대한의 분산화를 제공하며, 매니저가 변동성 심한 투자상품과 국채 같은 안전한 저위험 투자상품의 균형을 맞추도록 해준다. 당연히 이 펀드는 투자의 폭이 넓기 때문에 포트폴리오를 살펴서 어떻게 균형을 맞추었는지 파악하는 것이 중요하다. 이 펀드는 양호한 투자수익률과 이자 소득을 같이 제공하므로 관심을 가질 만한 가치가 있다.

자산 배분 펀드는 균형 펀드처럼 분산화를 극대화한다. 이 펀드는 폭넓은 투자상품과 자산군을 포괄하여 운용된다. 그래서 제대로 운용되는 경우 주식, 채권, 단기 금융상품을 복합적으로 보유하며, 각 부문에 비중을 배분하여 더 나은 수익률을 올린다.

균형 펀드는 주식과 채권 사이의 균형을 맞추려고 하는 반면, 자산 배분 펀드는 한 해에는 주식이 75%를 차지하고, 다른 해에는 채권이 75%를 차지할 수 있다. 비중 배분은 시장 상황에 크게 좌우된다. 가령 시장이 약세장에서는 채권 비중이 늘어나고, 강세장에서는 주식 비중이 늘어난다. 펀드매니저는 각 투자 유형을 고려하면서 전체 자산군에 걸쳐 폭넓은 선택지를 갖는다. 넓게 보면 이는 시장 타이밍의 문제다. 자산 배분 펀드의 매니저는 운용 측면에서 보다 많은 여지를 갖는다. 한 유형의 투자상품에 배분하는 비중이 고정되어 있지 않기 때문이다.

대형주 펀드, 중형주 펀드, 소형주 펀드

뮤추얼펀드의 세계에서 '캡cap'은 '자본capital'을 뜻하며, 투자 대상 기업의 규모를 가리킨다. 대형주large-cap 펀드는 대기업에 투자한다. 소형주small-cap 펀드는 대개 작고 성장하는 기업을 찾는다. 중형주 펀드의 투자 대상은 그 사이에 속한다. 규모가 크고 자리가 잡힌 기업은 대개 위험도가 낮다. 따라서 대형주 펀드는 안전한 투자 대상인 경우가 많다. 소형주는 주가가 크게 상승할 수 있으며, 종종 더 나은 수익률을 기록한다. 대신 해당 기업이 아직 자리 잡지 못했기 때문에 더 큰 위험을 수반한다. 소형주 기업 중에는 빠르게 성장한 기업도 있지만, 성장 속도가 느리거나 망각 속으로 사라진 기업도 있다.

소형주 펀드는 때로 기만적일 수 있다. 작게 출발했지만 계속 성장하는 기업은 결국에는 더 이상 소형주 기업이 아니게 된다. 그럼에도 여전히 소형주 펀드에 남아 있을 수 있다. 어차피 더 이상 하위 리그에서 뛰지 않는다고 해서 에이스 투수를 내보낼 이유가 있을까? 이트레이드E*TRADE는 여러 소형주 펀드에 속한 소형주 기업이었지만 지금은 많이 성장했다. 높은 수익률을 기록하면서 펀드매니저와 투자자들에게 보상을 안겼고, 계속 펀드에 남게 했다.

규모별 펀드를 활용한 분산화

여러 규모별 펀드에 투자하면 기본적으로 분산화가 이루어진다. 모두 같은 규모의 기업에 투자하는 것은 좋지 않다. 성공은 주기를 거치기 때문이다. 1998년에 코카콜라, GE, IBM, 기타 대기업 주식을 보유한 대형주 펀드가 소형주 펀드보다 나은 수익률을 기록했다. 그 이유 중 하나는 매우 폭넓은 인구 부문에서 투자가 급증했기 때문이다. 주식시장에 들어와 집에서 온라인으로 펀드에 가입하는 사람들이 갈수록 늘어났다. 그들은 규모가 크고 친숙한 기업의 주식을 (적어도 초기에는) 보다 편안하게 사는 경향이 있다. 이는 잘못된 것이 아니다. 결국 시간을 들여서 새롭고, 작지만 성장하는 배관 설비 기업을 충분히 조사하지 않았다면 당신도 친숙한 월마트나 디즈니 주식으로 기울 것이다.

일부 소형주 기업들, 가령 기술 업종에 속한 기업들도 컴퓨터를 많이 다루는 사람들에게는 잘 알려져 있다. 인텔이나 델 컴퓨터 같은 기업들이 빛을 발하는 이유가 여기에 있다. 새로운 온라인 투자자들은 경험이 쌓이면 마찬가지로 안전하고 친숙한 영역에서 여러 성장 기업으로 가지를 칠 것이다.

메가 펀드란 무엇인가?

메가 펀드는 다른 펀드를 매수하는 펀드를 말한다. 큰 물고기가 작은 물고기를 잡아먹듯이 메가 펀드는 규모가 작은 펀드를 통해 추가적인 분산화를 제공한다. 펀드의 수가 늘어남에 따라 다른 펀드를 매수하는 메가 펀드가 늘어날 것이다. 이는 펀드가 수천 개의 종목 중에서 보유할 종목을 선정하는 것과 같다.

처음 시작하는 이들을 위한 최소한의 주식투자 이해하기

채권 펀드

채권 펀드는 일반적으로 주식 펀드보다 덜 위험하다. 대신 주식 펀드만큼 높은 수익률을 기록하지 못하는 경우가 많다. 단일 채권을 매수하면 만기 때까지 자금이 묶인다. 물론 중간에 매도할 수 있다. 하지만 채권은 채권시장에서 거래되기 때문에 매도하기 어려운 때가 있다. 채권 매매는 펀드매니저가 하는 일이다. 채권 펀드는 이자를 통해 매달 소득을 제공할 수 있고, 이자를 펀드에 재투자할 수 있다.

채권 펀드에 넣은 원금은 보장되지 않는다는 점을 기억하라. 펀드 가격이 내려가면 원금 중 일부를 잃을 수 있다. 펀드 가격은 보유 채권이 아니라 당신이 투자한 펀드의 가치를 나타낸다. 포트폴리오에 포함된 채권의 가치는 만기 때까지 금리와 반대 방향으로 오르내린다.

채권 펀드를 살펴보면 세 가지 주된 유형의 펀드가 눈에 띌 것이다. 바로 지방채, 국채, 회사채다. 해외 채권 펀드도 존재한다. 주식 펀드와 마찬가지로 다른 유형의 채권 펀드는 다른 수준의 위험도를 수반한다. 위험도가 높을수록(가령 정크 본드를 다루는 경우) 잠재적 수익률이 높고, 반대의 경우도 마찬가지다. 저위험 국채 펀드의 경우 수익률이 비교적 낮다.

지방채 펀드

　지방채 펀드는 중장기 지방채에 투자한다. 이 자금은 새 도로를 건설하거나, 오래된 도로를 보수하거나, 하수 처리 시스템을 개선하는 것 같은 가치 있는 프로젝트 또는 세수를 창출하고 지역사회에 보탬이 되는 프로젝트에 투입된다. 지방채의 이점은 대개 소득에 대해 비과세 혜택을 제공한다는 것이다. 비과세 채권 펀드는 수익률이 낮지만 종종 과세 채권 펀드만큼 또는 그보다 많은 이자를 지급한다. 그 이유는 짜증 나는 연방세(그리고 많은 경우 주세)를 내지 않기 때문이다. 지방채는 전국 단위로 투자할 수도 있고, 주 단위로 투자할 수도 있으며, 시 단위로 투자할 수도 있다. 세율이 높은 주에 거주하는 사람은 지방채 펀드가 매력적일 수 있다. 세금을 피할 수 있기 때문이다. 그러나 주 경계를 넘으면 세금을 내야 할 수도 있다. 다시 말해서 다른 주에서 발행한 지방채를 매수하면 과세 대상이 될 수 있다.

미 국채 펀드

　낮은 위험을 원하는가? 정부에 투자하라. 미국 정부는 높은 재정 적자와 더 이상 존재하지 않는 국가들에게 빌려주고 받지 못한 차관이 많음에도 불구하고 한 번도 채무를 불이행한 적이 없다. 국채 펀드가 보유한 증권에도 위험이 없다. 국채 펀드는 저축채권이 아니라 장기, 중기, 단기 국채를 보유한다. 펀드매니저들이 시장에서 거래하기 때문에 약간의 변동성은 존재한다. 그러나 대부분의 경우 국채 펀드는 안전한 투자상품이다. 많은 사람이 보유하고 있는 다른 펀드와 균형을 맞추기 위해 국채 펀드를 활용한다. 국채와 관련해서는 그다지 선택지가 없고, 위험도는 아주 낮다. 그래서 많은 투자자가 국채 펀드를 자세히 살피지 않는다. 그들은 정부로부터 직접 정부의 투자상품을 그냥 매수한다. 그 방법이 가장 쉽기 때문이다.

회사채 펀드

회사채 펀드가 보유한 채권 중 다수는 이름이 말해주듯이 회사채다. 회사채 펀드에도 주식 펀드처럼 다양한 유형이 있다. 이 펀드들은 해당 기업과 보유 기간에 따라 달라진다. 대기업이 발행하는 고등급(높은 신용등급을 받은) 채권을 매수하는 펀드는 다른 회사채 펀드보다 근본적으로 위험 측면에서 더 안전하다. 또한 장기적으로 국채 펀드보다 약간 높은 수익률을 기록하는 경향이 있다.

그러나 이 펀드들 중 일부는 합법적이기는 하지만 약간의 속임수를 쓴다. 즉, 포트폴리오의 균형을 맞추고, (채권을 제대로 고르면) 실적을 약간 개선하기 위해 작은 비중의 저등급 채권을 보유한다. 대다수 펀드와 마찬가지로 회사채 펀드에도 해당 범주를 넘어서는 약간의 융통성이 존재한다.

투자 등급 이하의 채권을 매수하는 펀드를 조심하라. 정크 본드를 보유한 펀드는 수익률이 높은 대신, 다른 주식 펀드보다 변동성이 심할 수 있다. 해당 채권을 발행하는 기업은 높은 위험을 수반한다. 따라서 이를 보상하기 위해 더 높은 수익률을 제공한다. 요컨대 정크 본드(고위험 채권) 펀드는 정크 본드와 같은 속성을 지니며, 다수를 보유하고 있다는 점만 다르다.

적절한 채권 펀드의 선택

주식 펀드를 매수하기 전에 과거 실적을 확인하듯이 채권 펀드에 대한 투자 결정을 내리기 전에 그 역사를 살펴야 한다. 채권 펀드를 선택할 때 과거 실적을 확인하면서 다음과 같은 핵심 질문을 던져야 한다.

- 장기 채권을 보유하는가, 단기 채권을 보유하는가?
- 과세 대상인가, 비과세 대상인가?
- 누가 채권을 선정하는가?
- 현재 금리는 어떤가?
- 현재 금리 환경이 투자에 어떤 영향을 미칠까?

만기가 길거나, 등급이 낮거나, 질이 낮은 채권은 더 위험하다. 이 점은 위험 수용도에 반영된다. 위험 수용도는 언제나 투자상품 선택 과정에서 핵심 요소다. 채권은 일반적으로 주식보다 덜 위험한 대안으로 간주한다. 그러나 채권시장과 채권 펀드에도 위험은 존재한다. 채권 펀드는 대부분의 채권을 만기까지 보유하지 않는다. 그래서 장기 채권은 더 오랫동안 가격 변동을 거치게 되며, 그만큼 더 위험하다. 채권을 최종 만기까지 보유하면 가격 변동은 문제가 되지 않는다.

과세/비과세 문제는 주로 지방채와 관련된다. 세금이 없는 채권이 있는데 과세 채권을 굳이 원할 이유가 있을까? 하지만 정크 본드의 12% 수익률은 세후 기준으로도 비과세 채권의 수익률 5%보다 높다. 또한 IRA(개인퇴직계좌) 같은 비과세 계좌를 통하는 경우 비과세 펀드를 매수할 이유가 있을까? IRA 계좌는 이미 비과세 혜택을 받는다. 따라서 펀드의 비과세 혜택은 쓸모가 없다. 현재의 투자 전략과 은퇴까지 남은 기간에 따라 비과세 퇴직연금 계좌에 과세 채권(원금 보존)을 보유할지, 아니면 채권 펀드(주식 중심 포트폴리오의 균형)를 보유할지 고려하라.

채권 펀드 역시 어떻게 운용되는지 평가해야 한다. 채권 펀드는 대개 주식 펀드보다 운영비용이 낮다. 대신 일반적으로 높은 수익을 안기는 경우도 적다.

채권 펀드에 투자하는 경우에도 주식 펀드투자와 마찬가지로 일정한 금액은 안전한 펀드에 배정하고, 나머지는 저등급 또는 위험한 펀드에 배정할 수 있다. 고수익 펀드에도 나름의 성공 사례가 있다. 또한 적절한 매니저가 운용하면 좋은 주식 펀드처럼 수익을 안길 수 있다. 고수익 펀드는 정크 본드 하나를 보유하는 경우와 달리 세심하게 균형을 맞춘 포트폴리오로 구성된다. 그래서 한두 개의 발행 기업이 채무를 불이행해도 상당한 분산화 덕분에 여전히 괜찮다.

투자의 다른 모든 부문과 마찬가지로 채권 펀드는 더 높은 위험에 대해 더 높은 보상을 제공한다. 고를 수 있는 채권이 많지만 채권에 대해 일반적으로 더 많이 아는 것도 도움이 된다.

상장지수펀드ETF

인덱스 펀드의 인기가 높아지면서 파생상품이 나오는 것은 시간문제였다. 1990년대 초에 최초의 상장지수펀드(이하 ETF)가 만들어지고 판매되었다. 이후로 이 혁신적인 투자상품은 수십억 달러 규모로 성장했으며(여전히 뮤추얼펀드의 자산과 비교하면 작지만), 포트폴리오를 구성하는 중심이 되고 있다. 강력한 실적과 유연성은 ETF를 투자자들이 선호하는 투자상품으로 만들었다. 지금도 새로운 ETF들이 계속 나오고 있다.

ETF란 무엇인가?

ETF는 이름 그대로 거래소에서 거래되는 펀드다. 거래소에서 ETF

를 매수하려면 주식을 매수할 때처럼 증권사에 주문을 넣어야 한다. S&P 500 지수를 추종한 최초의 ETF는 1993년에 아멕스AMEX에서 거래되었다. 초기에는 혼란이 있었지만 ETF는 곧 투자자와 증권사들 사이에서 인기를 끌었다.

현재 ETF에 투자된 금액은 5,000억 달러 이상이다. 엄청난 금액처럼 보이지만 전체 펀드시장의 규모에 비하면 그렇지 않다. 펀드시장의 자산 규모는 수조 달러에 이른다. 하지만 ETF의 실질적인 장점을 생각하면 결국에는 분산 투자 대상으로서 펀드를 앞지를 것이다.

각 ETF는 특정 지수(가령 다우존스산업평균이나 러셀 2000)를 추종한다. 즉, 해당 지수와 같은 종목군을 보유한다. 주식 지수를 추종하는 ETF도 있고, 채권 지수를 추종하는 ETF도 있다. 또한 부동산이나 원자재(금 등), 해외 증권에 투자하는 특수 ETF도 있다.

ETF를 매수하는 이유

펀드가 지수보다 높은 수익률을 기록할 수 있는데 지수를 추종하는 ETF를 사는 이유가 무엇일까? 매니저가 운용하는 펀드의 실적은 오락가락한다. 그래서 수익률이 해당 지수보다 높을 때도 있지만, 낮을 때도 있다. 어느 쪽으로든 보장은 없다. 게다가 대개 무거운 수수료를 부과하며, 이는 언제나 수익을 갉아먹는다.

ETF는 사실상 인덱스 펀드와 같지만 아주 중요한 차이들이 있다. 가장 중요한 차이는 유통시장에서 주식처럼 거래된다는 것이다. 반면 펀드는 펀드사를 통해 매입하고 환매해야 한다. 다른 차이로는 거래 선택지, 과세 여부, 수수료, 투명성 등이 있다.

ETF 대 펀드

ETF와 펀드의 첫 번째 중대한 차이는 거래 방식이다. ETF는 주식처럼 거래일에 어느 때든 거래소를 통해 매매할 수 있다. 펀드는 펀드사를 통해 그날의 종가로만 매매할 수 있다. 또한 ETF를 매수할 때는 최저액이 없다. 반면 대부분의 펀드는 최저 매수액이 있다. 중요한 점은 ETF는 매매할 때마다 거래 수수료를 내야 한다는 것이며, 이는 투자액을 크게 갉아먹을 수 있다.

또 다른 차이는 수수료와 운용 방식이다. 비용 측면에서 따지면 ETF가 나은 경우도 있고, 인덱스 펀드가 나은 경우도 있다. ETF는 종종 비용률이 인덱스 펀드보다 낮다. 운용 수수료를 최소화하도록 설계되었기 때문이다. 그렇다고 해서 항상 비용이 더 낮은 것은 아니다. 가장 낮은 ETF의 경우 0.07%의 수수료를 부과한다. 그러나 훨씬 높은 수수료를 부과하는 ETF도 많다. 실제로 일부 ETF는 최대 0.50%의 수수료를 부과한다. 이는 평균적인 인덱스 펀드보다 높은 수준이다. 펀드에 투자할 때와 마찬가지로 ETF에 대한 정보를 꼼꼼하게 읽고 정확히 수수료를 얼마나 부과하는지 파악해야 한다. 많은 펀드는 판매 수수료를 부과하지 않는다(노로드). 하지만 ETF는 증권사를 통해 매수해야 하며, 그 과정에서 일종의 수수료를 내야 한다.

ETF는 큰 금액으로 투자하라

ETF 투자는 높은 거래비용을 수반한다. 따라서 큰 금액으로 매수하는 것이 합리적이다. 거래 수수료가 7달러인데 50달러어치의 ETF를 매수하면 투자 금액의 14%를 잃게 된다. 반면 700달러어치를 매수하면 7달러가 차지하는 비중은 1%에 불과하다. 실질적인 수수료가 줄어드는 셈이다.

소득세 과세 여부는 ETF와 인덱스 펀드의 또 다른 큰 차이다. ETF는 설계된 방식 때문에 인덱스 펀드 같은 내재적인 자본 소득 이슈가 없다. 인덱스 펀드는 포트폴리오를 재조정할 때 보유 물량 매도에 따른 자본 소득이 기록된다. 반면 ETF는 '실물 설정/환매creation/redemption in kind'라는 다른 절차를 통해 재조정한다. 그래서 증권을 매도하지 않기 때문에 세금이 부과되지 않는다. 결론적으로 ETF는 펀드보다 과세 대상을 적게 만든다. 이는 그만큼 더 많은 돈을 계속 지킬 수 있다는 뜻이다(물론 어떤 유형의 투자상품을 보유하든 간에 보유분을 매도하여 이득을

보면 자본소득세를 맞는다).

투명성은 ETF가 펀드보다 이점을 지니는 또 다른 영역이다. 투자자는 언제나 자신이 매수한 ETF가 어떤 종목을 보유하고 있는지 정확하게 알 수 있다. 이는 1년에 두 번만 보고서를 내면 되는 펀드와 크게 상반된다. 왜 이 점이 중요할까? 보유 종목을 정확하게 알면 펀드(또는 포트폴리오) 중복을 피하기가 훨씬 쉽다. 즉, 같은 증권을 2개의 다른 펀드에 (또는 펀드 및 개별 종목으로) 보유할 일이 없다.

시장의 모든 측면을 포괄하는 ETF

ETF는 펀드처럼 당신이 포트폴리오에 넣고 싶어 하는 사실상 모든 유형의 투자상품을 포괄한다. 주식부터 채무증서까지, 빠른 성장주부터 안정된 소득주까지 모든 것을 ETF에서 찾을 수 있다.

공격적인 투자

모험적인 투자자는 레버리지 ETF를 통해 위험을 선호하는 성향을 살릴 수 있다. 이 ETF는 미국 지수를 추종하며, 증권 자체가 아니라 옵션과 선물을 보유하기 때문에 변동성이 더 심하다. 그래서 공격적인 투자자가 단기적인 시장 동향을 활용할 수 있도록 해준다.

주식 ETF는 생각할 수 있는 모든 방향에서 주식시장을 커버한다. 우선 S&P 500, 다우존스산업평균, 러셀 3000을 추종하는 폭넓은 전체 미국 시장 ETF가 있다. 또한 MSCI 선진국 지수All Country World Index, ACWI 같은 지수를 추종하는 글로벌 ETF(미국 주식 포함 또는 불포함)도 찾을 수 있다. 초점화된 해외 ETF는 MSCI EAFE(유럽, 호주, 극동) 지수나 MSCI 신흥시장 지수 같은 초점화된 지수를 추종한다. 초점을 좁혀서 미국 증권에 돈을 넣고 싶다면 업종 ETF를 보면 된다. 업종 ETF는 주식시장의 특정 부문(유틸리티나 기술)을 추종한다. 가치투자를 선호한다면 S&P 500 가치주 지수(전체 시장 지수의 하위 요소)를 추종하는 ETF가 있다. 성장 투자의 경우도 마찬가지다. 이 경우 가령 러셀 3000 성장주 지수를 추종하는 ETF를 매수할 수 있다.

고정수익 ETF는 채권의 혜택과 더불어 주식의 편의성과 채권 펀드의 내재적 분산화를 활용할 수 있도록 한다. 이 ETF는 같은 성격의 주식 ETF와 약간 달라서 추종 지수에 포함된 채권의 일부를 보유한다(반면 주식 ETF는 전체 주식을 보유한다). 투자자는 (과세 목적으로 여전히 이자로 간주하기는 하지만) 채권 이자를 배당금으로 받는다. 전체 채권시장 ETF에 투자할 수도 있다. 이 ETF는 다양한 만기를 지닌 회사채와 국채를 보유한다. 또한 전문화된 채권 ETF에 투자할 수도 있다. 가령 특정한 만기(만기가 3년 이하인 채권만 추종), 물가연동채권에 초점을 맞추는 ETF도 있다.

끝으로 고도로 전문화된 대안 투자 ETF도 있다. 이 ETF는 투자자가 원자재와 외환에 투자하거나, 더욱 위험한 투자 접근법을 취할 수 있도록 해준다. 원자재 ETF는 상품 자체(가령 금)나 상품에 대한 선물을 보유한다. 또한 단일 원자재나 여러 원자재 바스켓basket, 원자재 생산 기업의 주식을 추종한다. 외환 ETF는 자금의 흐름을 추종하며, 외환 자체나 선물 계약을 보유한다. 단일 외화 ETF(가령 일본 엔화나 유로에 초점을 맞춤)도 있고, 외환 바스켓 ETF(여러 외환을 보유함)도 있다. 인버스Inverse ETF는 시장에 맞서는 베팅을 할 수 있도록 해준다. 이 ETF는 기본적으로 지수 구성 종목에 대한 공매도를 통해 주요 시장 지수와 반대로 움직인다. 가령 인버스 S&P 500 ETF는 S&P 500이 1% 하락할 때마다 1% 상승하며, 당연히 S&P 500이 오를 때마다 하락한다.

거미, 다이아몬드, 독사, 아이셰어즈iShares, 큐브

최초의 미국 ETF인 SPDR은 스테이트 스트리트 글로벌 어드바이저스State Street Global Advisors가 만들었다. 이 ETF는 S&P 500을 추종하며, SPDRStandard & Poor's Depositary Receipts(스탠더드앤드푸어스 예탁증권)이라는 약자 때문에 '거미spider'라는 별명을 얻었다. SPDR은 뉴욕증권거래소에서 거래되며, 종목 코드는 SPY다. 폭넓은 지수 ETF와 더불어 구체적인 업종을 추종하는 SPDR도 있다. 이 SPDR은 셀렉트 섹터Select Sector SPDR이라는 이름으로 불린다.

'다이아몬드Diamonds, NYSE: DIA'를 사면 다우존스산업평균에 속한 각 종목의 일부를 사게 된다. 다이아몬드는 SPDR처럼 뉴욕증권거래소에서 거래되는 ETF이며, 스탠더드 스트리트 글로벌 어드바이저스가 운용한다.

'바이퍼VIPER'는 선도적인 펀드 제공업체인 뱅가드가 발행하는 ETF다. 바이퍼(공식 명칭은 뱅가드 지수 참여 주식 증서Vanguard Index Participation Equity Receipts)는 미국 주식시장과 채권시장뿐 아니라 일부 해외 주식시장도 커버한다.

바클레이즈 글로벌 인베스터스Barclays Global Investors(현재 블랙록BlackRock)는 '아이셰어즈'라는 이름으로 자체 ETF를 출시했다. 블랙록은 현재 세계 최대 ETF 운용사다. 아이셰어즈 패밀리에 투자하면 엄청난 분산화 기회를 얻는다. 아이셰어즈 ETF는 외환부터 신흥시장, 고정수익증권까지 모든 것을 포괄하기 때문이다.

QQQ라는 종목코드로 거래되는 '큐브Cube'는 아주 인기 많은 나스닥 100 지수를 추종한다. 운용사는 파워셰어즈PowerShares라는 비교적 신생 운용사다. 이 회사는 단순한 지수 이상의 것에 투자할 기회를 제공한다. 그들은 '역동적 지수화dynamic indexing'에 초점을 맞춰서 지수에 포함된 최고 상승률 종목에 초점을 맞추도록 해준다.

ETF를 포트폴리오에 맞추기

ETF는 포트폴리오의 분산화를 강화하는 데 활용할 수 있다. 소수의 ETF를 전략적으로 선택하면 사실상 시장의 모든 부분을 커버하여 핵심 보유 자산이 잘 분산된 포트폴리오를 만들 수 있다. ETF는 개별 종목을 보유하는 것보다 훨씬 적은 비용으로 시가총액과 시장 부문의 전체 영역에 걸쳐서 모든 주요 자산군을 보유하도록 해준다.

한두 개의 고정 수익 ETF로 포트폴리오 구성을 마무리할 수 있다. 이 ETF는 채권이나 채권 펀드를 보유하는 경우처럼 꾸준한 소득이라는 혜택과 함께 주식 매매의 유연성을 제공한다. 채권은 증권사나 트레저리 다이렉트에서 매수해야 하는 반면, 채권 ETF는 거래소에서 거래된다.

포트폴리오를 추가로 보호하려면 해외 ETF로 가지를 칠 수 있다. 이 ETF는 미국 시장에서 생기는 문제에 따른 위험을 회피할 수 있게 한다. 미국 시장이 하락할 때 다른 국가의 시장은 상승할 수 있기 때문이다. 글로벌 ETF는 해외 증권에 발을 담그도록 해준다. 그래서 어느 증권(또는 국가)에 투자해야 할지 파악할 필요가 없다.

ETF를 보유했다고 해서 펀드를 보유할 수 없는 것은 아니다. 운용형 펀드는 시장 수익률을 뛰어넘도록 설계되었다. 반면 ETF는 시장 수익률을 따라가는 것이 주된 목표다. 핵심 ETF와 공격적인 펀드를 혼합하면 너무 많은 안정성을 희생시키지 않고도 포트폴리오의 수익성을

처음 시작하는 이들을 위한 최소한의 주식투자 이해하기

유지할 수 있다.

올바른 ETF의 선택

어떤 ETF가 당신의 포트폴리오에 타당할지 파악하는 과정은 펀드를 선택하는 과정과 아주 비슷하다. 가장 먼저 해야 할 일은 재무 계획을 다시 살피는 것이다. 즉각적 목표와 장기적 목표, 현재 보유 자산, 위험에 대한 생각 등이 모두 ETF 선택에 영향을 미친다.

비용 문제도 고려해야 한다. 사실상 인덱스 펀드와 같은 증권을 보유하는 폭넓은 ETF를 선택하는 경우, 거래비용을 고려하여 어느 쪽이 보유하기 더 저렴한지 세심하게 따져야 한다. 노로드 펀드가 더 낮은 비용에 같은 수익률을 제공하는데 ETF를 살 이유가 없다. 또한 현재 매매 가격도 확인해야 한다. 펀드는 순자산가치로 매매된다. 반면 ETF는 그날의 시장 활동에 따라 종종 순자산가치에 할인 또는 할증이 적용된다.

ETF 패밀리에 부과되는 수수료도 고려해야 한다. 시장에 들어오는 운용사들이 늘면서 ETF 사이의 경쟁이 격화되고 있다. 그들이 신규 고객을 끌어들이는 한 가지 방법은 수수료를 낮추는 것이다. 여러 ETF를 비교하여 어디가 가장 좋은 비용률을 제공하는지 보라. 하나의 ETF만 포트폴리오에 추가할 계획이라면 더욱 그래야 한다.

자산 배분 ETF

자산 배분 ETF는 투자에서 모든 판단을 제거할 수 있다. 비교적 새로운 이 ETF는 동종의 펀드와 마찬가지로 주식과 채권처럼 하나 이상의 자산군을 보유한다. 그래서 하나의 ETF만 보유해도 완전히 분산화된 포트폴리오를 갖게 된다.

여러 ETF를 살필 때 뛰어난 운용사에 투자금을 맡겨야 한다. 모든 ETF 운용사가 같은 것은 아니다. 당신이 보유하려는 ETF의 자산은 최소 1,000만 달러 이상이어야 한다. 이보다 자산 규모가 작으면 유동성이 부족할 수 있기 때문이다(즉, 원할 때 매도하기 어려울 수 있다). 또한 관심을 가진 ETF의 거래량도 살펴라. 거래량 역시 준비가 되었을 때 얼마나 쉽게 매도할 수 있는지 말해준다. 인기 ETF는 매일 수백만 주씩 거래된다(매일 100만 넘게 손바꿈이 일어난다는 뜻이다). 반면에 사실상 매매 활동이 아예 없는 ETF도 있다.

ETF 매매 방법

ETF 매매는 주식 매매와 완전히 똑같다. 매매 주문을 넣으면 증권사가 처리한다. 가령 매수가 완료되면 계좌에 증권을 넣어준다. 시장이 열려 있으면 언제든 거래할 수 있다. 또한 주식을 매매할 때와 마찬가지로 ETF를 매매할 때도 주문에 조건을 걸 수 있다. 가령 지정가 주문을 넣을 수 있다. 실제로 기간 설정부터 가격 설정까지 주식 주문을 넣을 때 할 수 있는 모든 일을 ETF 주문에서도 할 수 있다.

많은 투자자는 ETF 투자에서 적극적인 접근법을 취한다. 반면 펀드 보유자는 그런 경우가 훨씬 적다. ETF 자체는 단순히 기존 지수를 추종하는 수동적인 접근법을 취한다. 그러나 트레이더는 개별 종목과 같이 ETF를 매매할 수 있다. 이렇게 하는 주된 이유는 지수 수익률을 뛰어넘기 위해서다. 하지만 거래 수수료가 이익을 갉아먹을 수 있다. 또한 이 전략은 결국에 그냥 지수를 따라가는 것보다 수익이 적을 수 있다.

ETF 가격 현황 확인

ETF의 가격 현황을 확인하는 일은 (이미 짐작했겠지만) 주식의 가격 현황을 확인하는 일만큼 쉽다. 「월스트리트저널」, 「로이터스Reuters」, ETF 운용사 등 모든 금융 정보 제공업체들이 시장에서 거래되는 ETF의 현재 가격과 수익률 (yield, 소득 ETF의 경우)을 알려준다.

ETF의 가격 현황을 확인하려면 종목 코드를 알아야 한다. 그다음 신문이나 온라인에서 현재 가격 내역만 찾으면 필요한 모든 것을 알 수 있다. 대다수 ETF 가격 내역은 종가, 전일 종가 대비 가격 및 % 기준 변동치, 거래량 같은 데이터를 담는다. 일부는 연초 대비 가격 변동치, 당일 고가 및 저가, 연간 최고가 및 최저가도 포함한다.

펀드 관리
적절한 펀드의 선택

성공의 열쇠에 대한 오랜 농담이 있다. 하루에 8시간은 일하는 데 할애하고, 8시간은 잠자는 데 할애하되 두 가지를 같은 시간에 하지 말아야 한다는 것이다. 투자의 경우는 특히 그렇다. 투자 전문가들은 적절하게 펀드를 구성하려면 투자 목표와 위험 감수도를 함께 고려하여 목적과 제한에 맞는 펀드를 찾아야 한다고 말한다. 투자 때문에 불안해서 잠을 설친다면 뭔가가 잘못된 것이다.

위험 감수도와 펀드 포트폴리오

9장에서 투자에 대한 당신의 위험 감수도를 쉽게 평가하는 방법을 확인할 수 있다. 위험 감수도를 아는 일은 당신을 위한 최고의 투자 전략과 당신의 스타일에 맞는 펀드를 파악하는 데 필수적이다. 위험 감수도는 전반적인 포트폴리오, 당신이 선택하는 각각의 투자상품, 자산 배분 계획의 토대가 된다. 펀드는 본질적으로 개별 증권보다 덜 위험하다. 그래도 여전히 나름의 위험을 수반하며, 손실을 낼 수 있다.

펀드의 위험은 주식과 연계된 배당 위험 및 시장 위험 또는 채권과 연계된 금리 위험과 달리 대개 가격 변동을 말한다. 위험이 높아지면 가격 변동성과 잠재적 총수익률이 기하급수적으로 증가한다. 반대로 위험이 낮아지면 가격 변동성과 총수익률도 줄어든다.

보수적인 투자자인가, 공격적인 투자자인가?

당신의 위험 감수도가 보수적인 수준이라면 가격 변동성을 최소화하기 위해 낮은 수익률을 감수할 것이다. 반대로 당신이 공격적인 투자자라면 가격 변동성과 무관하게 최고의 수익률을 추구할 것이다.

위험 감수도 수준과 무관하게 장기적으로 돈을 넣어두기만 하면 펀드(성장 펀드든, 균형 펀드든, 소득 펀드든 상관없이)를 통해 투자 목표를 달성할 수 있다. 투자 기간이 짧을수록 최종 목표를 달성하기 위해 펀드 시장에서 고를 수 있는 선택지가 줄어든다.

위험 감수도는 펀드 선택에서 가장 중요한 요소가 될 수 있다. 투자 목적과 자본이 같다고 해도 위험 감수도가 다르면 아주 다른 포트폴리오를 구성하게 된다.

분산화를 통한 위험 최소화

투자 포트폴리오의 분산화는 잘 구성된 투자 전략을 달성하는 데 반드시 필요하다. 분산화의 요점은 목적을 달성하기 위해 충분히 차별적인 펀드를 보유하는 동시에 전반적인 투자 위험을 최소화하는 것이다. 펀드는 본질적으로 분산화를 제공한다. 그러나 펀드 형태라도 단일 자산군에 과도한 비중을 두면 많은 위험에 노출된다.

교환 수수료를 확인하라

대다수 펀드 패밀리는 같은 매니저가 운용하는 다른 펀드로 수수료 없이 지분을 교환할 수 있게 해준다. 수수료 내역에 자세한 내용이 나온다. 교환 수수료가 있는지 확인하라. 수수료를 내지 않아도 포트폴리오에 도움이 되는 변화를 줄 수 있을지도 모른다.

다른 펀드 유형(성장주, 지방채, 가치주, 균형 등)은 다른 위험/수익률 목표를 제공한다. 포트폴리오에서 위험/수익률 조합의 수가 늘어날수록 전반적인 분산화 수준이 높아진다. 이는 좋은 일처럼 보인다. 다만 이 중요한 목표를 실제로 달성하기 위한 실행 계획이 필요하다. 다음 지침은 올바른 분산화 목표를 달성하는 데 도움이 된다.

1. **명확한 투자 목표를 세워라**: 투자 기간, 위험 감수도, 필요 수익, 포트폴리오 규모는 모두 투자 전략을 세울 때 중요하다. 당신이 선택하는 펀드가 목표에 부합하면 투자 계획의 효력이 높아진다.

2. **양이 아니라 질을 선택하라**: 요점은 얼마나 많은 펀드를 보유했느냐가 아니라 당신이 선택한 펀드가 얼마나 다양한지, 그리고 해당 펀드가 투자 전략에 얼마나 부합하는지다. 최대한 많은 펀드를 보유하는 것이 분산화가 아니다. 그렇게 생각하면 전략과 맞지 않는 포트폴리오를 꾸리게 될 수도 있다.

3. **펀드 스타일보다 펀드 범주를 중시하라**: 펀드 범주는 목표를 정의하며, 펀드 스타일은 해당 목표를 추구하기 위한 수단을 말해준다.

4. **중복을 피하라**: 목표가 동일한 복수의 펀드를 보유하는 것은 돈 낭비다. 특정한 범주에서 하나의 펀드만 보유하는 것이 최선이다.

5. **적을수록 좋다**: 펀드의 경우 적을수록 좋다. 최소한의 펀드로 원하는 분산화를 달성하라. 대다수 펀드는 50개에서 150개 사이의 개

별 증권을 보유한다. 그래서 소수의 펀드로도 분산화 목표를 달성할 수 있다.

포트폴리오에 얼마나 많은 펀드를 보유하고 있든 간에 진정한 분산화의 열쇠는 각 펀드가 투자 목표를 달성하는 고유한 수단을 제공하게 만드는 것이다.

투자 안내서 읽기

투자 안내서는 펀드사의 무료 번호로 전화만 걸면 쉽게 받을 수 있다. 투자 안내서를 살피는 일은 수익률이 엄청나게 높다고 해도 그다지 흥미롭지 않을 것이다. 투자 안내서는 내용이 빽빽하고 장황할 수 있으며, 심지어 이해하기 어려울 수 있다. 일반적인 투자자에게 어떤 정보가 필요할지는 고려되지 않는다. 중요한 정보가 어딘가에 담겨 있기는 하지만 수많은 법률 용어 사이에서 찾기가 어렵다. 경쟁이 심한 시장에서 일부 펀드는 투자 안내서를 보다 쉽게 쓰려고 노력하고 있다. 실제로 현재 투자 안내서의 정보를 보완하거나, 적어도 일부 내용을 해석하여 읽기 쉬운 소식지를 발행하는 펀드가 많다. 어떻게 쓰였든 간에 중요한 부분을 눈여겨보면서 투자 안내서를 읽는 것이 도움이 된다.

펀드의 목표

펀드는 목표를 명확하게 밝혀야 한다. 그 목표가 공격적인 성장인가, 현재 소득인가? 채권 펀드의 경우 목표가 분명할 수 있지만 주식 펀드의 투자 안내서에는 목표가 항상 명확하게 제시되지는 않는다. 목표가 불명확하면 매니저에게 더 많은 여지가 주어진다. 또한 당신이 특정한 펀드를 선택한 의도가 이루어지지 않을 수 있다. 펀드의 목표가 명확하지 않다면 보다 명확하게 정의된 펀드를 찾거나, 해당 펀드의 투자 정보 부서에 물어보거나, 오랜 방식대로 직접 알아보라. 펀드가 현재 어떤 자산을 보유하고 있는지 찾아보라.

투자 위험

투자 안내서는 펀드가 목표에 따라 감수할 위험 수준을 밝혀야 한다. 주식 펀드는 어떤 유형의 주식을 매수할 것인지 밝혀야 한다. 투자 안내서가 단기 투자를 이야기하는가? 또는 특정 종목의 변동성을 이야기하는가? 투자 안내서에 담긴 경고 신호를 보라. 해외 자산과 관련된 환율 위험 및 정치적 위험을 이야기하는가?

투자 안내서는 포트폴리오에 연계된 위험을 명시한다. 당신은 투자자로서 투자에 따른 위험과 해당 위험이 당신의 위험 감수도와 어떻게 맞물리는지 인식해야 한다. 최선의 투자 선택을 하려면 여러 투자상품이 다른 경기 상황에서 어떤 수익률을 올리는지 이해하는 것이 중요하다. 가령 공격적인 성장을 추구하는 주식 펀드는 대개 시장이 장기 하락 추세에서 벗어나기 시작할 때 최고의 수익률을 올린다. 반면 채권 펀드는 종종 금리가 떨어지고 채권 가격이 오르는 느린 성장기에 좋은 수익률을 올린다. 당신의 지식과 투자 안내서에 담긴 정보를 통합하면 보다 나은, 보다 근거 있는 투자 선택을 할 수 있다.

투자 내역

펀드는 각 자산군에 할애한 보유 비중을 명확하게 제시해야 한다.

가령 미국 주식 최소 70%나 보통주 80% 또는 해외 투자상품 20% 이하라는 식으로 밝혀야 한다. 투자 내역과 한도는 당신의 돈이 어디에 투자될 것인지 알려준다. 현금성 자산 같은 다른 유형의 투자상품도 포함될 수 있다.

수수료 내역에는 해당 펀드와 관련된 모든 수수료가 제시되어야 한다. 내역을 자세히 읽어서 생각지 못한 수수료를 내지 않도록 하라. 운영비용과 판매 수수료 그리고 기타 수수료도 포함되어야 한다.

펀드의 역사

투자 안내서에는 펀드의 역사도 나온다. 펀드가 운영된 기간 동안 또는 오랫동안 운영되었다면 적어도 지난 10년 동안 주당 실적을 제공해야 한다. 이를 토대로 연간 기준으로 총수익률을 계산할 수 있다. 또한 연말 순자산가치와 비용률 그리고 장기간에 걸쳐 펀드의 실적을 판단하는 데 도움이 되는 다른 정보를 살필 수 있다. 소득 펀드라면 배당 내역을 확인하거나, 펀드가 매매한 보유 자산의 유형을 볼 수 있다.

과거 실적을 살펴라(다만 전적으로 의존하지 마라)

펀드의 과거 실적을 판단하는 일은 생각보다 까다롭다. 5년 그리고 10년 수익률을 훑어보는 것으로는 충분하지 않다. 한 시기에 인기를 끈 업종이나 산업이 다음 시기에는 그렇지 않을 수 있다. 한 해에 수익이 90%나 증가했다고 해도 이후 4년 동안 10%만 증가하면 연평균 증가율은 26%다. 이 평균은 당신이 매수를 고려 중인 5년 차 말에 펀드의 실적을 말해주는 좋은 지표가 되지 못한다. 또한 장기간 부진했던 업종이 신제품이나 소비자 수요 또는 대중적 인식(가령 사회적 책임을 따르는 주식들) 때문에 상승할 수도 있다. 이런 사실은 과거 실적에 나타나지 않는다.

대형주와 소형주의 경우도 마찬가지다. 소형주에 투자하는 펀드는 1990년대 말처럼 추세가 대형주로 기울 때 높은 수익률을 올리지 못할 것이다. 최선의 방법은 과거 실적을 구성하는 각 척도를 살피고, 미래에 대한 예상치를 확인하고, 정보를 바탕으로 결정하려고 노력하는 것이다. 5년이나 10년에 걸친 장기 수익률은 중요하지만 큰 그림의 유일한 요소는 아님을 명심하라.

펀드투자의 장기적인 성공은 다음과 같은 여러 요소에 좌우된다.

- 운용비용, 보수, 판매 수수료
- 수익 분배에 따른 세금
- 펀드 규모
- 펀드 연차
- 운용 및 운용 방식 변경
- 변동성 및 위험 속성

대개 오랫동안 운용된 펀드 패밀리를 찾는 것이 바람직하다. 유일한
예외는 기술주 같은 신흥 산업과 관련된 펀드 패밀리다. 이 부문의 경
우 모든 신생 펀드 패밀리는 연차가 거의 비슷하다. 오래된 펀드 패밀
리는 10년 수익률을 보여줄 수 있다. 이를 다른 펀드 패밀리와 비교하

면 된다. 이 자료는 또한 약세장 동안 얼마나 잘 버텼는지, 회복하는 데 얼마나 오래 걸렸는지도 말해준다. 당연히 일부 요소는 펀드매니저에 좌우된다. 10년의 경력을 지닌 매니저는 오래되고 자리가 잡힌 펀드사에서 펀드를 맡고 있을 가능성이 크다. 10년 수익률을 살펴보고 해당 기간 동안 같은 매니저가 운용했는지 확인하라. 현재 매니저가 펀드를 맡은 지 3년밖에 되지 않았다면 10년 수익률은 그다지 의미가 없다. 이는 지난 3년 동안 슈퍼스타들을 영입한 야구팀의 과거 10년 성적을 살피는 것과 같다. 운용 경험은 큰 차이를 만든다.

또한 관심이 가는 펀드와 다른 비슷한 펀드를 비교해야 한다. 당신이 좋아하는 펀드의 작년 수익률이 10%이고, 다른 비슷한 펀드의 작년 수익률도 10% 수준이라면 해당 펀드는 예상 가능한 실적을 올린 것이다. 반면 같은 범주에 속한 비슷한 펀드의 작년 수익률이 12%와 15%라면 투자 목표를 바꾸거나 더(혹은 덜) 위험한 펀드를 선택하지 않고도 더 나은 성과를 얻을 수 있다. 같은 범주에 속한 다른 펀드를 찾기만 하면 된다.

유동성과 펀드

유동성은 펀드의 핵심 혜택이다. 영업일에는 언제든 펀드를 매도할 수 있으며, 그날의 종가를 받을 수 있다. 물론 장 마감(동부시간 기준 오후 4시) 이후 주문이 들어가면 다음 날 처리된다.

마침내 결정을 내렸다면 적어도 1년, 대개는 5년 이상 유지할 생각을 하라. 펀드는 대개 단기 투자상품으로 고려되지 않는다. 하지만 때로는 시장 여건 때문에 계획보다 빨리 처분해야 할 수도 있다. 상승세에 있다가 하락세로 돌아서는 (또는 '조정받는') 펀드에 투자했다면 주가가 더 하락하기 전에 매도하는 편이 낫다. 거의 언제나 주가가 안정된 후 다시 들어가서 다음 상승 주기에 따른 혜택을 누릴 기회가 있다.

신뢰할 수 있는 6가지 펀드투자 전략

펀드의 세계로 들어설 때 때로 혼란스러울 수 있는 이 투자 장르의 흐릿한 심연을 지나는 데 도움을 주는 여섯 가지 전략이 있다. 부담감에 압도당하지 마라. 시간을 갖고 필요한 일을 하라.

1. **지금 시작하라**: 어느 것도 시간처럼 당신의 자산을 불리지 못한다. 재정적 미래를 보살피기 시작하는 일은 언제 해도 결코 이르지 (또는 늦지) 않다. 이 부문에서 이루어진 모든 연구는 투자를 일찍 시작할수록 복리의 힘 때문에 나중에 더 많은 돈을 벌게 된다는 사실을 말해준다.

2. **최대한 투자하라**: 더 많은 돈을 투자할수록 더 빨리 성공적인 투

자자가 될 수 있다. 감당할 수 있는 한 최대한 많은 돈을 투자 계획에 할애하라. 일부 호사를 희생시키는 일이 있더라도 말이다.

3. **아는 것이 돈이다**: 포트폴리오의 보유 자산에 대해 충분히 알고 거기에 영향을 미치는 모든 결정을 내리면 재정적 미래를 통제할 수 있다. 투자와 금융에 대해 읽을 수 있는 모든 것을 읽어라. 모든 펀드투자안내서의 내용을 속속들이 파악하라. 이 모든 노력의 대가는 재정적으로 더욱 편안한 삶을 누릴 수 있는 자산이다.

4. **공격적으로 임하라**: 은퇴할 나이거나 그 근처라면 조심스러운 접근법을 취하는 것이 좋다. 하지만 그렇지 않다면 조심스러운 접근법을 취하는 것은 손해다. 돈을 빨리 불리려면 포트폴리오의 상당한 비중을 고수익 주식 펀드에 할애해야 한다는 사실이 거듭 증명되었다. 채권이나 MMF 같은 보수적인 투자상품만 매수하면 물가상승률을 넘어서는 수익률을 올릴 가능성은 사실상 존재하지 않는다.

5. **돈이 계속 일하게 만들어라**: 가정에서 발생한 단기적인 재정적 위기 때문에 투자금을 빼거나 그 돈을 담보로 대출을 받지 마라. 투자한 돈은 장기적인 재정 목표를 달성할 수 있도록 장기적으로 계속 일하게 놔두는 것이 중요하다. 재정적 난관에 부딪혔다면 투자금에 손댈 생각을 하기 전에 다른 방법을 찾으려고 노력하라.

6. **시장을 주시하라**: 보유 자산을 평가하거나 새로운 투자 선택을 할

처음 시작하는 이들을 위한 최소한의 주식투자 이해하기

때 시장 추세를 무시하지 마라. 펀드가 아무리 잘 운용되든, 과거에 얼마나 좋은 수익률을 올렸든 간에 지정학적, 경제적 상황 변화는 시장을 뒤집어 놓을 수 있다. 현명한 투자자는 시장의 전반적인 추세를 주시하면서 그에 따라 투자를 조정한다.

주문 내역 관리

투자 실적을 관리하는 일은 주문부터 시작된다. 펀드를 매매할 때마다 (주문 방식에 따라) 펀드사나 증권사로부터 확인서를 받는다. 각 거래가 지시한 대로 호가에 따라 완료되었는지 확인하라. 수수료나 보수가 증권사(또는 펀드사의 고객 서비스 담당)에서 말한 대로인지도 확인하라.

미승인 거래
포트폴리오 계좌에서 발생하는 미승인 거래에 주의하라. 승인하지 않은 매매에 대한 확인서를 받으면 즉시 증권사에 연락하라. 실수로 당신의 계좌에서 거래가 이루어졌을 수 있다. 이런 일이 잦거나 증권사가 문제를 바로잡지 않으면 증권거래위원회 또는 주 증권 감독당국에 연락하라.

투자 포트폴리오를 더 오래 유지하고, 투자의 폭을 더 넓힐수록 덜 자주 확인해도 된다. (이 책에서 권하는 내용과 달리) 모든 달걀을 한 바구니에 담기로 (설령 펀드라고 해도) 결정했다면 아주 밀접하게 확인해야 한다. 펀드투자자는 적어도 1년에 한두 번은 실적, 비용, 보수를 점검하고, 납입 일정을 재확인해야 한다.

하지만 펀드 실적을 관리하는 것으로는 충분치 않다. 당신의 돈이 마땅히 그래야 하는 만큼 계속 열심히 일하게 만들려면 같은 기간에 걸쳐 펀드의 실적을 적절한 지수 및 비슷한 투자상품의 상승률과 비교해야 한다. 또한 현재 지불하는 보수와 수수료를 다른 펀드 패밀리나 증권사 같은 다른 선택지와 비교해야 한다.

투자 점검

당신의 투자와 시장의 추세를 점검하고 싶다면 「월스트리트저널」이나 「배런스」를 구독할 수 있다. 둘 다 인쇄물과 온라인(www.wsj.com과 www.barrons.com)으로 제공된다. 이 금융지들은 당신의 투자와 관련된 구체적인 데이터를 제공하며, 당신의 포트폴리오에 영향을 미칠 수 있는 뉴스를 알려준다.

펀드 보유 자산을 점검하는 일은 전반적인 투자 성공에 필수적이다. 펀드를 계속 주시하면 사소한 잘못이 포트폴리오를 무너뜨리는 문제

로 악화하지 않도록 막을 수 있다. 다음 열 가지 점검 팁은 최고의 펀드에 돈을 투자하고 최고의 수익률을 올리는 데 도움이 된다.

1. 투자와 관련된 모든 문서를 검증하라. 오류가 발견되면 즉시 발송자(펀드사나 증권사 또는 투자 자문)에게 연락하여 교정 확인서를 요구하라.

2. 투자 자문과 대면 또는 전화로 이야기할 때 내용을 기록하라. 당신이 승인한 모든 행동을 적어서 문제가 생겼을 때 자료로 삼아라.

3. 모든 계좌 기록 특히 매매 관련 기록은 투자 자문이 아니라 당신에게 직접 발송하도록 하라. 기록을 관리하기가 너무 성가시면 회계사나 유능한 친척 또는 가족 변호사 등 계좌와 연관되지 않은 믿을 만한 사람에게 보내라.

4. 매매 확인서나 계좌 내역서를 받지 못한 경우 바로 조치를 취하라. 당신은 이 정보를 정기적으로, 즉시 받을 모든 권리를 지닌다. 이 정보가 정기적으로 오지 않는 것은 위험 신호다.

5. 예상치 못한 일이 투자 계좌에 생기면 바로 처리하라. 이해할 수 없는 거래가 있었다면 자문에게 연락하여 바로 물어라.

6. 온라인으로 거래하지 않는다고 해도 온라인 계좌를 개설하는 것을 고려하라. 인터넷으로 접근할 수 있으면 언제든, 내킬 때마다 계좌를 확인할 수 있다. 또한 즉시 거래 정보와 계좌 내역을 검증

할 수 있다. 그리고 정리해야 하는 문서의 양을 줄이기 위해 확인서와 계좌 내역서를 이메일로 보내달라고 요청할 수 있다.

7. 절대 개인을 상대로 투자상품 매수를 위한 수표(또는 다른 결제 수단)를 발행하지 마라. 매수 대금은 증권사나 다른 금융기관으로 보내야 한다.

8. 중개인을 두기로 결정했다면 사무실에서 직접 만나라. 투자는 중대한 재정적 활동이다. 따라서 다른 중요한 구매를 할 때와 같이 조심스럽게 신중을 기해야 한다.

9. 투자 대상을 공부하라. 다른 사람이 제공하는 틀에 박힌 정보에 의존하지 마라. 스스로 리서치를 하라. 자료는 풍부하며, 쉽게 구할 수 있다. 읽기만 하면 된다. 매매 결정을 하기 전에 다음 문서를 확인하라(연례 보고서(10-K), 분기 보고서(10-Q), 투자 안내서, 외부 리서치 보고서, 해당 기업의 웹사이트).

10. 주기적으로 포트폴리오를 검토하라. 포트폴리오를 구성하는 요소들이 여전히 투자 목표를 충족하는지 확인하라. 또한 투자상품이 수반하는 위험, 비용, 유동성을 이해하는지 그리고 편하게 받아들일 수 있는지 확인하라. 검토 작업의 일환으로 당신의 계좌와 관련하여 증권사에서 보관하는 정보를 확인하는 것이 좋다. 당신은 그 내용을 알 권리가 있다.

매도할 때를 알아라

펀드를 매도하는 최고의 이유는 매수하는 최고의 이유와 같다. 바로 투자 계획이다. 최고 수익률을 올리는 펀드도 더 이상 투자 목적을 충족하지 못한다면 매도할 수 있고, 매도해야 한다. 해당 펀드가 장기적인 재정 목표에 어떻게 기여할 수 있는지를 토대로 매수 결정을 내려야 하는 것과 마찬가지로 같은 기준을 염두에 두고 매도 결정을 내려야 한다.

타이밍에 주의하라

타이밍은 중요하다. 은퇴를 앞둔 사람은 공격적인 펀드를 처분하고 자산을 보존하는 보수적인 상품을 모으는 것이 좋다. 때로는 새집이나 새 차 또는 자녀의 대학 학자금 같은 다른 용도로 돈이 필요해서 펀드를 처분해야 할 수도 있다.

주된 추동 요인(전반적인 재무 계획)에 더하여 펀드를 매도해야 할 때임을 말해주는 다른 많은 요소가 있다. 포트폴리오에 맞지 않는 펀드의 불안정성(가령 펀드의 스타일 이탈로 발생할 수 있다)이나 부실한 실적, 보유 자산의 변동, 운영진의 변동 또는 펀드 패밀리의 불충분한 서비스 등이 매도 이유가 될 수 있다. 세금은 펀드를 매도하는 또 다른 동기가

된다. 손실이 난 펀드를 다른 펀드로 바꾸면 소득세 감면을 통해 정부가 손실을 공유하도록 만들 수 있다.

실질적인 스타일을 고수하지 않아서 실적이 부실한 펀드도 매도해야 한다. 눈을 크게 뜨고 펀드를 살펴라. 하겠다고 말한 일을 여전히 하고 있는가? 그렇지 않다면 매도해야 한다. 또한 당신이 믿었던 투자 콘셉트가 다시 믿을 가치를 지니는지 따져야 한다.

마찬가지로 중요한 것은 위궤양 요소다. 더 이상 펀드의 등락을 견딜 수 없다면 매도해야 한다. 투자의 목적은 재정적 핵심 목표를 달성하는 것이지 위궤양을 얻는 것이 아니다. 포트폴리오에 포함된 펀드의 변동성이 너무 심해서 수익으로 하와이에서 꿈 같은 휴가를 보낼 가능성이 있음에도 제산제를 먹어야 한다면, 매도할 때다. 다시는 그런 펀드를 매수하지 마라.

CHAPTER 4

투자
스타일

50년 전에는 투자 철학이 아주 한정되어 있었다. 실제로 증권사들이 고객에게 하는 기본적인 조언은 주가가 오를 때 매수하고, 내릴 때 매도하라는 것이었다. 그게 전부였다.

지난 반세기 동안 아주 똑똑한 몇몇 사람의 선견지명 덕분에 다양한 투자 스타일이 개발되었다. 이 장에서는 그중에서 중요한 몇 가지를 살필 것이다.

가치투자
부로 가는 버핏의 길

가치투자는 주가보다 기업에 초점을 맞춘다. 가치투자의 선도적인 실천가인 워런 버핏이 말한 대로 '주식을 사는 세상에서 가장 멍청한 이유는 주가가 오를 것이기 때문이라는 것'이다. 주가의 동향은 중요한 규칙을 제외하면 대체로 무의미하다. 그 규칙은 **장기적으로 주가는 기업의 실질적인 가치를 반영하는 경향이 있다는 것**이다.

가치투자자는 바닥에서 저렴한 종목을 훑는다. 그들은 성장 투자자보다 기업 분석을 더 많이 한다. 그들이 주로 사용하는 데이터는 매출, 이익, 현금흐름이다. 그들의 철학은 가치 있는 기업이 실제로 저평가되었으며, 따라서 그 주가는 진정한 가치를 제대로 반영하지 않는다는 것이다. 가치투자자는 종종 주가 변동을 기꺼이 견뎌낸다. 앞서 폭넓은 리서치를 통해 특정한 종목을 고수하기로 마음먹었기 때문이다.

"놀라운 가격에 적당한 기업의 주식을 사는 것보다 적당한 가격에 놀라운 기업의 주식을 사는 게 훨씬 낫다."

_ 워런 버핏

가치투자자들은 대개 하루 종일 컴퓨터 앞에 앉아서 주가가 오르내리는 것을 지켜보지 않는다. 대신 기업을 분석하여 내재가치를 파악(또는 파악하려고 시도)하는 데 집중한다.

내재가치에 대한 이견

이 문제는 합의된 방식이 없기 때문에 어렵다. 가령 '가치'는 현재 자산과 부채만 포함할까, 아니면 예상되는 미래 성장까지 포함할까? 후자의 경우라면 미래 성장을 어떻게 정확하게 평가할까? 이런 이견은 기업의 가치를 계산하는 다양한 공식으로 이어진다(결국, 단 하나의 '올바른' 공식이 있다면 모든 가치투자자는 같은 기업에 투자할 것이다).

많은 가치투자자가 자세히 살피는 하나의 수치는 주가수익비율이다. 이는 주가와 주당순이익의 비율로 일반적으로 1년 단위로 계산된다. 가령 A기업의 주가가 주당 30달러이고, 작년의 주당순이익이 1.35달러라면 주가수익비율은 30을 1.35로 나눈 값, 22.22다.

펀더멘털 분석

가치투자자(및 다른 투자자)들은 소위 펀더멘털 분석(아주 다른 성격의 기술적 분석과 상반됨)에 많은 시간을 들인다.

펀더멘털 분석은 다음과 같은 요소를 살핀다.

- 매출: 늘어나는가? 어디서 나오는가?
- 이익: 늘어나는가?
- 부채: 늘어나는가, 줄어드는가?
- 경쟁자는 누구인가?

애널리스트는 정량적 수치와 함께 계산하기 어려운 무형의 요소까지 고려하여 이런 요소를 살핀다. 가치투자자에게 이런 질문은 회사의 가치를 파악하여 주가와 부합하는지 따지는 문제로 이어진다.

앞서 말한 대로 애널리스트들이 연구하는 하나의 수치는 기업의 주가수익비율이다. 다른 요소로는 다음과 같은 것들이 있다.

- 주가 고점 및 저점
- 배당
- 매출

- 시장 점유율
- 주당순이익

무형의 가치로는 시장 선도 여부 및 선도의 안정성, 선도의 질, 미래에 대한 비전, 브랜드 인지도 등이 있다.

코카콜라와 애플

상징적인 두 기업인 코카콜라와 애플의 사례를 통해 가치투자가 어떻게 작동하는지 알 수 있다.

코카콜라는 세계에서 가장 중요한 브랜드 중 하나로 청량음료 부문에서 지배적인 시장 점유율을 자랑한다. 또한 다른 브랜드는 범접할 수 없는 방식으로 해당 시장을 지배한다. 워런 버핏은 1986년부터 코카콜라 주식을 매수했으며, 그의 회사인 버크셔해서웨이Berkshire Hathaway는 현재 코카콜라 주식을 약 4억 주 보유하고 있다. 그는 "당신이 내게 1,000억 달러를 주고 전 세계 청량음료 시장에서 코카콜라가 차지한 1등 자리를 빼앗으라고 말한다면 나는 그 돈을 돌려주고 그건 불가능하다고 말할 것"이라는 유명한 말을 했다.

이 경우 시장 지배력은 상당히 유형화된 무형의 요소다.

다른 사례로 애플이 있다. 애플에 타격을 입힌 최대 무형의 요소는 2011년에 스티브 잡스가 사망한 것이었다. 그의 죽음이 애플에 어떤 장기적 영향을 미칠지는 불확실했다(지금도 그렇다). CEO, 비전 제시자 그리고 일각에서 주장하는 심미적 천재로서 잡스의 역할은 대체하기 어렵거나 불가능하다. 잡스가 죽은 후 애플에 대한 투자자들의 신뢰가 흔들렸다. CEO 팀 쿡Tim Cook이 리더십을 통해 투자자들의 신뢰를 강화할 수 있을지는 더 지켜봐야 한다. 이는 무형의 요소가 주가에 직접적인 영향을 미치는 또 다른 사례다.

가치투자의 가정

가치투자는 두 가지 중요한 가정에 바탕한다.

1. 기업의 내재가치는 주식의 총가치와 다르다.
2. 장기적으로 주가는 언제나 기업의 내재가치에 맞춰진다.

이 가정은 불분명한 두 가지 요소를 수반한다.

1. 기업의 내재가치에 대한 당신의 평가가 맞는지 알 수 없다.
2. '장기'가 얼마나 오래인지 알 수 없다.

(펀더멘털 분석을 통해) 기업의 내재가치를 말해주는 수치를 합리적으로 판단하는 당신의 능력을 신뢰하고, 주가가 내재가치에 맞춰질 때까지 기다릴 의지가 있다면 좋은 가치투자자가 될 자질이 있다.

성장 투자와 기술적 투자

주가 동향 분석

근본적으로 성장 투자자는 빠르게 성장하는 기업의 일부를 소유하고 싶어 한다. 설령 그런 특혜를 누리기 위해 높은 가격을 지불해야 한다고 해도 말이다. 성장 기업은 마이크로소프트처럼 빠른 성장을 이룬 기업을 말한다. 그들은 탁월한 경영팀이나 높은 평가를 받는 신제품 또는 해외시장으로 공격적으로 확장할 계획일 수 있다. 성장 기업의 주식은 배당을 많이 주는 경우가 드물며, 성장 투자자는 그러기를 바라지 않는다. 대신 성장 기업은 더 많은 성장을 촉진하기 위해 이익을 재투자한다. 성장 투자자는 무엇보다 이익을 긴밀하게 살핀다. 성장 투자가 당신의 전반적인 투자 전략과 맞으면 지난 수년 동안 강력한 성장을 이룬 기업을 찾아라.

반면 기술적 투자자는 주가에 대한 기술적 분석에 의존하기 때문에 그렇게 불린다. 그들은 장기적 추세보다 즉각적인 주가 동향을 신경 쓴다. 어떤 측면에서 이는 그들을 데이 트레이더나 단기 트레이더와 비슷하게 만든다.

젊은 기업

성장 투자자는 종종 첨단 기술을 보유하고 틈새시장을 개발하는 젊은 기업을 찾는다. 그들은 지난 수십 년 동안 하이테크 기업들을 세심하게 살폈다.

성장하는 젊은 기업은 이익을 재투자하는 경향이 있다. 그래서 투자자들은 배당보다 투자금에 대한 자본 소득에 의존한다. 성장 투자자들은 펀더멘털을 분석할 때 미래 실적에 대한 지표, 특히 과거 실적에 대비한 지표를 살핀다.

성장 투자는 미래를 중시한다. 그래서 가치투자와 달리 다음과 같은 문제를 살핀다.

- 향후 5년간 예상 이익은 얼마인가? 향후 10년간 예상 이익은 얼마인가?
- 경영진이 비용을 통제하는가?

- 매출을 늘리기 위해 사업을 확장할 영역이 있는가?
- 제품을 구매하는 사람들이 늘어나는가? 어느 정도로 늘어나는가?
- 5년 전과 비교할 때 시장 점유율은 어떤가?
- 주가가 상승 추세를 보이는가? 5년 후에 2배로 오를 수 있는가?

성장 투자는 단순해 보이지만 성장주의 요건이 무엇인지에 대해서는 종종 명확한 합의가 이루어지지 않는다. 그럼에도 기업이 확장하고, 성장하는 모습을 지켜보는 것을 좋아하는 투자자들에게는 많은 여지가 있다.

전미투자자협회National Association of Investors Corporation

전미투자자협회NAIC는 성장 투자의 가장 중요한 지지자 중 하나다. 현재는 베터인베스팅BetterInvesting으로 불리는 이 단체는 1951년에 전국적인 투자 클럽으로 설립되었다. 이 단체의 목표는 성장 투자의 복음을 퍼트리는 한편 회원들에게 정보와 서비스를 제공하는 것이다. 자세한 내용은 홈페이지www.betterinvesting.org에서 확인하라.

기술적 투자

기술적 분석에 의존하여 종목을 선정하는 투자자들은 가치투자자나 성장 투자자와 다르다. 그들은 자신이 매수하는 기업에 대해서는 거의 전적으로 신경 쓰지 않는다. 대신 시장 활동의 결과인 주가 변동을 토대로 결정을 내린다. 그들은 고점과 저점, 거래량, 시장의 단기 추세 같은 사안을 신경 쓴다.

이런 형태의 투자를 이해하기 위한 기본적인 사항이 있다. **기술적 투자자는 종목이 대변하는 기업을 신경 쓰지 않는다.** 즉, 기술적 투자자는 이유식 기업의 주식에 접근할 때와 같은 태도로 하이테크 기업의 주식에 접근한다. 기업의 내재가치와 주식은 무관하다고 생각한다. 중요한 것은 주식시장에서 주식이 하는 일이다.

기술적 분석의 아주 흔한 유형 중 하나는 봉 차트를 활용하는 것이다. 이는 각 표시('봉')가 그날 특정 주식의 매매 현황을 나타내는 차트다. 봉은 해당 주식의 시가와 종가, 고가와 저가를 알려준다. 기술적 분석가들은 봉 차트를 분석하여 상승 추세인지 또는 하락 추세인지 판단하며, 그에 따라 매매 여부를 결정한다.

채권과 분석

지금까지 주식만 이야기했지만 채권(또는 다른 금융상품)이 주식과 같은 분석(펀더멘털 분석 및 기술적 분석) 대상이 되지 못할 이유는 없다. 실제로 하루 종일 채권시장에서의 동향이나 채권을 판매하는 기관 및 조직을 토대로 채권만 분석하는 사람들도 있다.

데이 트레이딩과
단기 트레이딩
단기간에 수익 내기

데이 트레이딩에 매료되는 사람들이 많다. 그러나 심장이 약한 사람들은 할 만한 일이 아니다.『초보자를 위한 온라인 데이 트레이딩A Biginner's Guide to Day Trading Online』을 쓴 토니 터너Toni Turner는 데이 트레이딩을 시도한 사람 중 80%가 대개 돈을 잃고 포기하는 것으로 추정한다. 그렇기는 해도 데이 트레이딩으로 많은 돈을 버는 일은 가능하다. 실제로 돈을 번 사람도 많다.

데이 트레이딩 대 단기 트레이딩

데이 트레이딩은 말 그대로 24시간 안에 매수와 매도를 끝내는 것이다. 때로는 몇 분 만에 끝날 때도 있다. 반면 단기 트레이딩은 약간 속도가 느리다. 그래서 며칠에 걸쳐 매수와 매도가 이루어지지만, 일반적으로 일주일을 넘기지 않는다.

데이 트레이더는 대개 아주 빠른 컴퓨터에 의존한다. 속도가 데이 트레이딩의 핵심 자산이기 때문이다. 데이 트레이더는 또한 재료를 확인할 트레이딩 데스크에 접근할 수 있어야 하며, 기술적 분석을 이해하고 거기에 필요한 소프트웨어를 갖춰야 한다.

주식시장과 외환시장

데이 트레이딩은 어디서나 가능하다. 하지만 대개 주식시장(특히 나스닥)과 포렉스Forex라고 하는 외환시장에서 가장 많이 이루어진다.

기술적 분석용 소프트웨어는 효과적인 데이 트레이딩에 필수적이다. 여러 기능 중에서도 주가 동향의 패턴을 인식하는 일을 하기 때문이다. 패턴은 노련한 데이 트레이더에게 매매 결정에 필요한 신호를 제공한다.

패턴 트레이더Pattern trader

5일 동안 하루에 같은 종목(또는 다른 금융상품)을 최소 4회 매매하면 증권거래위원회에서 규정하는 패턴 트레이더에 해당한다. 또 패턴 트레이더가 되려면 거래 계좌에 최소 2만 5,000달러가 있어야 한다.

패턴 트레이더는 주로 봉 차트에 의존하여 기술적 분석을 통해 패턴을 찾는다. 다음은 여러 패턴의 명칭이다.

- 보합Consolidation
- 교수형Hanging man
- 손잡이가 달린 컵Cup-with-a-handle
- 페넌트형Pennant
- 십자 석별형Evening doji star
- 쐐기형Wedge

데이 트레이더와 단기 트레이더는 기술적 투자자와 마찬가지로 기업에 대한 펀더멘털 분석보다 추세에 의존한다(펀더멘털 분석이 지닌 신중한 속성은 데이 트레이딩과 단기 트레이딩이라는 즉각적이고, 긴장감 넘치는 세계와 맞지 않다).

> **기간별 구분**
>
> 데이 트레이더와 단기 트레이더는 기본적으로 투자 기간에 따라 네 가지로
> 나누어진다.
>
> • 단기: 1, 2주
> • 스윙: 2일에서 5일
> • 데이: 하루
> • 스캘핑Scalping: 몇 초 또는 몇 분

데이 트레이딩은 강세장에서 가장 잘 통한다. 그러나 매도할 때를 알고 단호하게 실행하는 노련한 트레이더는 약세장에서도 수익을 낼 수 있다. 데이 트레이더가 종종 찾는 대상은 하락장에서 나오는 소폭 반등이다. 이 경우 주가가 오르기 시작하다가 고점을 찍은 후 빠르게 떨어진다. 이 모든 패턴은 수익을 낼 기회를 제공한다.

증권사를 통해 데이 트레이딩을 하는 경우 특정한 조건을 지닌 다양한 주문을 활용할 수 있다.

• 시장가 주문: 증권사가 트레이더의 승인에 따라 매매가를 정함
• 지정가 주문: 트레이더가 매매가의 상한선 및 하한선을 정함
• 역지정가 주문: 주가가 설정가에 도달할 경우 일정한 수의 주식을

매수하도록 트레이더가 정함

- 손절매 주문: 트레이더가 하한선을 정함. 주가가 하한선에 도달하면 손절매 주문은 시장가 주문으로 전환되며, 포지션을 잃게 됨

이 모든 주문 방식은 데이 트레이딩에서 수익을 극대화하고 손실을 방지하기 위한 것이다. 또한 거래소에서 거래가 이루어지는 속도를 따라잡기 위한 것이기도 하다. 이는 초보 트레이더들을 (마땅히) 두렵게 만드는 데이 트레이딩의 측면이다. 데이 트레이딩에서는 모든 일이 빠르게 일어난다. 빠른 거래에 대처할 수 없다면 데이 트레이딩은 당신에게 맞지 않다.

CHAPTER 5

부동산 투자

부동산 투자의 세부적인 내용은 익히기 벅찰 수 있다. 매매 수수료closing cost, 재판매 가치resale value, 유동성 liquidity, 검사 inspection 등 완전히 새로운 용어들이 나온다. 그러나 불안을 극복할 의지가 있다면 부동산이 현명한 투자수단이 될 수 있음을 알 것이다. 부동산 투자를 고려한다면 리서치하는 것이 중요하다. 그래야 부동산 투자로 수익을 볼 수 있다. 부동산은 주식이나 채권보다 빠져나오기가 어렵다. 따라서 공부를 통해 무엇을 해야 하는지 알아야 한다.

부동산 투자는 일반적으로 가시적이다. 즉, 실제로 볼 수 있는 땅이나 집을 산다. 주식과 채권투자가 어떻게 이루어지는지 생각해보라. 당신은 물리적으로 소유하지 않은 기업에 돈을 투자한다. 주식을 사는 것은 근본적으로 기업에 돈을 빌려주고 수익을 바라는 것이다. 부동산의 경우 당신이 '기업'을 보유하는 셈이다. 그래서 수익을 내려면 '주식'을 팔아야 한다. 즉, 집을 매각하거나 임대해야 한다.

026 　　　　　　　　　　　　　　　　　　LEVERAGING

레버리지
부채의 힘

레버리지는 한마디로 부채다. 즉, 당신이 원하는 것을 사기 위해 다른 사람의 돈을 활용하는 것을 말한다. 그러면 당신의 돈을 덜 쓰고도 더 많은 부동산을 가질 수 있다. 부동산 투자에서 레버리지는 포트폴리오의 성패를 좌우한다. 적당한 부채로 적당하고 매력적인 부동산을 매입하면 당신의 돈을 아주 적게 쓰고도 대박을 낼 수 있다.

　하지만 나쁜 면도 있다. 과도한 부채 또는 감당할 수 없는 부채를 진 상태에서 집값이 떨어지면 금전적 재난에 처할 수 있다. 이 두 측면 사이에는 아주 미묘한 선이 있다. 그래도 이익이 나는 쪽에 서 있는 한 부동산 투자는 탄탄한 수익률을 안길 수 있다. 다만 그러기 위해서는 발품을 많이 팔아야 한다.

성공의 열쇠는 바로 똑똑하게 돈을 빌려야 한다는 것이다. 절대 상환 가능한 수준 이상으로 돈을 빌리지 마라. 언제나 대출 계약의 모든 조건을 파악하라. 특히 변동금리일 때는 더욱 그렇다. 감언이설에 속아서 불합리한 대출을 받지 마라.

돈을 현명하게 빌리면 은행의 돈으로 투자용 부동산을 매입하고 개량할 수 있다. 그리고 당신의 돈은 다른 방식으로 투자할 수 있다. 즉, 더 많은 돈이 당신을 위해 일하게 되므로 포트폴리오의 수익 잠재력이 높아진다. 모든 일이 잘 풀리면(재빨리 집을 되팔아서 이익을 보거나, 항상 제때 월세를 내는 귀한 세입자를 만드는 등) 투자에 따른 현금흐름으로 대출을 갚고, 작은 이익까지 챙길 수 있다.

물론 안 좋은 상황도 있다. 대개 그렇듯이 여건이 나쁘면 투자용 부동산을 매입하기 위한 대출금을 갚느라 고생할 수 있다. 세입자를 구하지 못하거나, 바로 부동산을 처분하지 못해도 상환할 수 있는 수준으로만 대출을 받는 것이 대단히 중요한 이유가 거기에 있다.

단기 매매
부동산 투기

부동산 투자는 위험하다. 어떤 땅이나 집도 수익이 난다는 보장은 없다. 부동산에 큰돈을 투자하기 전에 조심스러운 자세로 공부하라. 먼저, 투기자와 투자자의 차이를 알아야 한다.

부동산 투기자는 투자자와 다르다. 투기자는 빠르게 이익을 보기 위해 단기간에 집을 매매한다. 투자자는 장기적인 이득을 추구하며, 오래 보유하기 위해 감당할 수 있는 집을 찾는다. 당신의 재정 상태를 신중하게 고려하여 어떤 방식이 적절한지 판단하라. 부동산 투자가 처음이라면 시장에 더 익숙해지기 전까지 투기를 멀리하라. 또한 낭패를 당하지 않고 경험을 쌓을 수 있도록 부동산 전문가의 자문을 받는 것을 고려하라.

초보 부동산 투자자로서 물리적 부동산을 보유하고 싶다면 두 가지 좋은 선택지가 있다. 하나는 임대용 소형 부동산(1인 가구 또는 2인 가구 주택이나 4가구 빌딩)이고, 다른 하나는 수리가 필요한 주택이다. 모든 부동산 투자 수단 중에서 1인 가구 주택이 초보 투자자에게 가장 명확한 기회를 제공할 수 있다. 그 주된 이유는 매입하기가 아주 쉽고, 대개 매도하기도 쉽기 때문이다.

전문 인력 고용

페인트공을 고용하지 않고 하루 동안 직접 페인트 작업을 하면 정말로 그만큼 돈을 아낄 수 있을까? 페인트공을 고용하면 하루 동안 다른 저렴한 부동산을 찾을 수 있다. 어쩌면 2만 달러의 시세 차익을 남기는 집을 찾을지도 모른다. 이 집을 찾고, 고치고, 파는 데 100시간이 걸린다면 근본적으로 시간당 200달러를 번 셈이다!

낡고 오래된 집을 사서 고친 다음 되팔면 큰 이익을 거둘 수 있을지도 모른다. 이는 투자자가 부동산에 접근하는 아주 흔한 방식이다. 다만 약간의 이익을 안기는 경우도 있지만, 모두를 위한 방식은 아니다. 허름한 집을 매입하는 결정을 내리기 전에 고려해야 할 요소는 다음과 같다.

- **전문성**: 집을 보기 좋게 수리하는 데 얼마나 많은 작업(및 돈)이 필요한지 가늠하려면 건축 설계와 건설에 대해 적어도 조금은 알아야 한다. 직접 할 수 있는 작업이 무엇인지, 다른 사람을 시키면 얼마나 들지 파악하라. 매입 비용을 계산할 때 자재 및 공사 업체 비용 그리고 해당 부동산에 들여야 하는 시간을 고려하라.
- **지구력**: 집을 수리할 때 반드시 생기는 문제들을 견딜 인내심이 있는가? 부동산은 많은 사람이 생각하는 것보다 더 큰 부담이 될 수 있다. 또한 하락장에서 부동산은 (심지어 수리가 된 고급 부동산도) 수익을 내고 팔기가 어려울 수 있으며, 집값이 다시 오르기를 기다려야 할 수도 있다.
- **검사**: 거래에 합의하기 전에 주택 검사 전문가를 고용하여 전반적으로 검사하라. 수리를 시작했을 때 직면할 수 있는 모든 잠재적 문제를 전반적으로 아는 것이 아주 중요하다. 다만 검사에서 모든 문제를 포착할 수는 없다는 사실을 염두에 두어야 한다.
- **입지**: 입지는 고려해야 할 가장 중요한 요소다. 동네, 쇼핑시설, 교통시설을 확인하라. 입지와 구역을 토대로 부동산을 어떻게 활용할 수 있을지 생각하라. 학군이 좋은 곳에 있는 주거용 임대 부동산은 젊은 가족을 끌어들인다. 고속도로에 쉽게 접근할 수 있는 부동산은 상업용으로 아주 높은 가치를 지닌다.

입지 팁

입지와 관련하여 노련한 단기 매매자들이 제안하는 한 가지 방법은 최고의 동네에 있는 최악의 집을 사라는 것이다. 이런 집을 사서 열심히 보수하면 이익을 보고 팔 수 있다. 동네를 개선하는 것은 훨씬 길고 돈이 많이 들어가는 과정이며, 훨씬 많은 사람을 필요로 한다.

상업용 부동산이나 고급 임대 주택에 투자하고 싶다면 시내에서 48km 이내에 있는 매물을 찾아라. 시내를 벗어날 의지가 있다면 대개 저렴한 땅을 찾을 수 있다. 매력적으로 보이지만 매물로 나오지 않은 땅이 있다면 등기소를 방문하거나 감정사에게 연락하여 주인을 찾아라. 언제든 주인에게 연락하여 매각하라고 제의할 수 있으며, 주인이 기꺼이 매각할지도 모른다.

임대 보험에 가입하라

투자용 부동산을 임대하기로 결정했다면 임대 보험과 주택 보험에 가입할 준비를 하라. 보유자용 보험은 세입자를 커버하지 않을 가능성이 크다. 세입자의 파손에 대비할 필요가 있다. 또한 세입자가 다친 후 집주인을 탓할 때도 대비가 된다.

처음 시작하는 이들을 위한 최소한의 주식투자 이해하기

대다수 부동산 전문가는 보수적인 투자 전략을 고수하고 애물단지를 사지 말라고 말할 것이다. 물론 매입하기 전에 숨겨진 결함은 없는지 살펴야 한다. 매입 후에 문제가 발견되면 당신이 고쳐야 한다. 특히 되팔기 위해 집을 보기 좋게 꾸며야 할 때는 더욱 그렇다. 동네에서 일어나는 일에 주의를 기울이고, 계획된 매입이 타당한지 검토하라. 5년이나 10년 후에 해당 부동산에 대한 수요가 있을까? 헐값에 나왔다거나, 눈에 띄는 특징이 있는지 등 매각을 쉽게 만드는 요소를 항상 살펴라.

부동산 투자로 수익을 낼 수 있는 기회는 경기가 좋을 때나 나쁠 때 모두 존재한다. 현명한 결정을 하고 신중하게 골라서 최고의 거래를 하는 것이 대단히 중요하다. 이는 모든 투자자에게 쉽지 않은 일이다. 특히 집값이 고점에 있거나, 신용시장이 경색되어 대출받기가 복권 당첨보다 어려울 때는 더욱 그렇다. 다음 사례는 부동산을 매입할 때 수요와 입지를 고려해야 하는 이유를 말해준다.

한 부부는 아이들이 자라서 대학에 들어간 후 더 이상 큰 집이 필요 없다고 판단했다. 그래서 뉴욕 북부에 약간 수리가 필요한 아름다운 집을 샀다. 그들은 집을 수리하고 증축했다. 덕분에 2년 만에 감정가가 올랐다. 문제는 옆집이 비어 있다는 것이었다. 그 집은 은행에 차압당한 후 빈 집으로 방치되어 있었다. 게다가 현지의 주요 기업이 직원들을 해고하고 있었다. 결론적으로 부부가 집을 팔려면 호가를 크게 낮춰야 했다.

지역 경기가 나쁘고, 옆집이 비어 있는 집은 감정가로 팔기에는 충분히 매력적이지 않다. 모든 부동산은 매수자가 지불할 의지가 있는 만큼만 가치를 지닌다.

임대용 부동산

장기 투자

임대 목적으로 부동산 매입을 고려한다면 상업용 부동산과 주거용 부동산 중에서 선택해야 한다. 먼저 당신의 재정 상태부터 확인하라. 임대용 부동산은 유동성 있는 투자 대상이 아니기 때문이다. 처음에 얼마나 많은 돈이 필요한지, 얼마를 대출받을 수 있는지, 대출 조건은 어떤지 파악하는 것이 중요하다. 투자 자본은 최우선으로 검토해야 할 요소다. 투자 자본이 없다면 빌려야 한다. 초보 투자자는 대개 돈을 빌려서 부동산을 매입하는 것은 좋지 않다. 주식이나 채권과 달리 부동산 투자는 100달러로 시작할 수 없다.

평생에 한번 만날 좋은 조건이라고 생각해도 부동산의 입지에 대해 모두 조사하라. 지금은 저렴하게 보이는 집이 몇 달 후 바로 앞에서 고속도로 건설 공사가 시작되면 그렇게 보이지 않을 수 있다. 현지 관공서에 가서 근처에서 진행될 예정인 건설 프로젝트가 있는지 확인하라. 특히 학교, 고속도로, 쇼핑센터, 산업지구나 상업지구 건설 프로젝트가 중요하다. 이런 프로젝트는 교통 문제와 집값에 영향을 미친다. 때로 좋은 집이 좋은 가격에 나오는 이유는 집값에 영향을 미치지만, 당신은 모르는 나중의 일을 매도자가 알기 때문일 수 있다. 임대하거나 나중에 매각할 생각으로 상업용 부동산 및 주거용 부동산을 매입할 때 다음 사항을 고려하라.

• 입지가 좋은가? 입지는 부동산에서 여전히 모든 것임을 명심하라.
• 이전에 잘 임대되었는가?

- 얼마나 오래되었는가?
- 꼼꼼한 검사를 거쳐서 문제가 없다는 확인을 받았는가? 이 일은 당신이 직접 조율해야 할 수도 있다. 즉, 꼼꼼하게 검사하고 전기, 배관, 기초와 지붕을 수리해야 할 수도 있다. 모든 것은 해당 지역의 안전 조례를 따라야 한다.
- 얼마나 많은 수리와 작업이 필요한가? 이는 부분적으로 검사 결과에 좌우된다. 비즈니스나 임대 목적에 맞게 인테리어를 바꾸는 것도 비용 측면에서 중요한 요소다.
- 관리에 얼마나 많은 비용이 드는가? 정원사가 필요한가? 청소부가 상주해야 하는가? 유지비는 재판매 또는 임대 가치를 평가하는 데 중요하다.
- 해당 지역의 도시계획 법규는 어떤가? 이는 상업용 부동산에서 새로운 형태의 사업체를 열 때 특히 중요하다.
- 해당 부동산을 드나드는 접근성은 어떤가? 여름에 단기로 빌려줄 집은 숨겨져 있어도 상관없지만 사업용 부동산은 접근성이 좋아야 한다.
- 해당 지역에 앞으로 어떤 계획이 있는가? 새 고속도로가 가시성을 높여서 사업에 도움이 될 것인가? 아니면 휴가용 한적한 빌라의 가치를 망칠 것인가?
- 얼마나 많은 보험이 필요한가? 투자 목적에 따른 요율은 얼마인가?

• 어떤 부동산세를 적용받는가? 무엇을 공제할 수 있는가?

이 목록이 두렵지 않다면 당신은 이상적인 부동산 투자자일지 모른다. 부동산 투자도 주식투자와 다르지 않게 타이밍 문제가 있다. 주식시장은 장기적으로 상승하는 경향이 있다. 부동산도 그럴 것이다. 하지만 경제적 여건이 바뀌기 때문에 부동산 투자도 다른 모든 투자처럼 위험할 수 있다.

임대용 부동산 관리

임대나 매도 목적으로 부동산을 매수할 때 자금 외에도 다른 복잡한 측면이 있다. 우선 뛰어난 관리 능력과 세부를 보는 시각을 가져야 한다. 모든 부동산은 수많은 세부적인 요소를 지니기 때문이다. 또한 부동산을 유지, 즉 적절하게 보존할 수 있어야 한다. 비용을 계산할 때 유지비를 고려해야 한다. 손기술이 뛰어나지 않다면 적절한 전기공, 배관공, 공사업체를 어디서, 어떻게 찾을지 알아야 한다. 부동산 관리는 중대한 일이다. 주식이나 채권과 달리 부동산은 투자 대상을 좋은 상태로 유지해야 할 책임이 주어진다.

한 걸음 더 나아가 임대용 부동산을 매입하기로 결정했다면 집주인의 세계로 들어서게 된다. 세입자였던 적이 있다면 좋은 집주인은 삶을 편하게 만들어주는 반면, 나쁜 집주인은 삶을 비참하게 만들 수 있다는 사실을 알 것이다. 당신이 집주인으로서 어떻게 행동하는지는 투자 대상을 좋은 상태로 유지하는 데 큰 영향을 미친다.

세입자 조사

언제나 세입자의 신용 기록, 배경, 신원 보증 내역을 확인하라. 세입자를 심사하여 신중하게 선택하지 않으면 나중에 수많은 문제에 직면할 수 있다. 세입자가 항상 월세를 늦게 낸다거나, 집을 파손한다거나, 불쾌한 친구를 불러들인다거나, 이보다 더 심한 문제들 말이다.

모든 임대 상황에서는 문제가 생기기 마련이다. 문제에 대처하는 방식은 부동산을 적절한 비용으로 유지하는 데 중요하다. 자기 집일 때는 관리에 필요한 노력을 들이기가 훨씬 쉽다. 하지만 투자 대상을 보호하기 위해 그만큼 많은 (또는 더 많은) 일을 해야 한다. 투자 대상이 너무 많은 시간을 잡아먹으면 기본적으로 소득을 잃는 것이다. 그 시간 동안 다른 데서 돈을 벌 수 있기 때문이다. 집을 관리하는 데 몇 시간을 들이면 소득을 올릴 시간이 줄어들며, 그 과정에서 돈을 잃는다. 사람들이 주식, 채권, 펀드를 투자 대상으로 선택하는 이유는 유지하는 데 거의

노력이 들지 않기 때문이다.

좋은 집주인이 되고 귀중한 투자 대상을 보호하기 위해서는 세입자와의 좋은 의사소통이 필수적이다. 세입자는 임대 계약을 맺기 전에 규칙과 규정뿐 아니라 당신이 무엇을 바라는지도 알아야 한다. 모든 규칙 변경은 서면으로 충분히 세입자에게 통지하여 명시하고 설명해야 한다. 세입자와의 모든 의사소통은 서면으로 이루어져야 하며, 세입자에게 전달했다는 사실을 증명할 수 있어야 한다.

어떤 상태든 임대용 부동산을 매입하여 바로 세입자를 찾은 다음 그냥 돌아서서 매달 월세가 들어오기를 기대해서는 안 된다. 임대용 부동산을 관리할 준비가 되어 있지 않거나, 그럴 시간이 없다면 전문 부동산 관리인을 고용하라. 부동산 관리인은 일상적인 보수 및 유지, 조경, 세입자의 우려와 불만을 처리하며, 월세를 징수한다. 수수료는 필요한 작업과 건물의 규모에 따라 다양하다. 이 일에 개인을 고용하거나 관리 회사와 계약을 맺을 수 있다. 임대용 부동산을 관리하기 위해 전문 관리인이 필요하다고 생각한다면 해당 비용을 매입 결정과 세입자에게 전가할 월세에 반영해야 한다.

부동산투자신탁

또 다른 부동산 투자 선택지

소유자나 집주인으로 부동산 투자에 뛰어들 준비가 되지 않았다면, 부동산 소유에 따른 모든 부정적인 요소 없이 부동산 투자의 혜택을 누릴 수 있게 해주는 또 다른 선택지가 있다. 부동산투자신탁(또는 리츠RE-ITs)은 주식시장에 투자하는 것과 비슷한 방식으로 상업용 부동산에 투자하는 수단을 제공한다. 한마디로 리츠는 실제로 건물이나 땅을 매수할 필요 없이 부동산에 투자할 수 있다. 투자자가 선택할 수 있는 리츠는 200종이 넘으며, 주식과 같은 대우를 받는다. 실제로 리츠는 주식거래소에 상장되어 있다.

주식, 펀드, 심지어 채권보다 인기가 적은 리츠는 새로운 것이 아니다. 리츠는 50여 년 전에 부동산 시장에 진입하는 안전한 수단으로 만들어졌다. 리츠는 부동산에 대한 직접 투자보다 유동성이 좋아서 더 매

력적이다. 리츠 보유분을 매도하는 것은 펀드나 주식을 매도하는 것만
큼 쉽다. 또한 실제로 부동산을 보유하는 것이 아니기 때문에 부동산
소유에 따른 성가신 문제에 시달리지 않는다. 반면 부동산 소유에 따른
권리도 전혀 주어지지 않는다.

리츠는 주식과 펀드의 속성을 모두 지닌다. 리츠는 상장사이기 때문
에 그 지분을 보유하는 것은 주식의 지분을 보유하는 것과 비슷하다.
반면 리츠는 투자사나 펀드의 패러다임을 따르도록 만들어진다. 대다
수 소규모 투자자는 소득을 창출하는 부동산에 직접 투자할 수 없다.
리츠는 그들이 자금을 모을 수 있도록 해주기 때문에 펀드와 비슷하다.
이 투자 유형은 부동산 투자의 소득을 주주에게 넘기기 때문에 이체증
권이라고 불린다. 해당 소득에 대한 과세는 운용사가 아니라 투자자를
대상으로 삼는다.

리츠란 무엇인가?

기업의 주식을 매입하는 펀드와 달리 리츠는 모든 형태의 부동산 투
자에 초점을 맞춘다. 이 투자는 대개 두 가지 형태를 취한다. 지분형 리
츠는 실제 부동산을 매입한다(부동산의 지분이 투자에 해당한다). 주택저
당채권형 리츠mortgage REIT는 부동산 매입 자금을 제공하는 주택저당

채권에 투자한다. 후자의 경우 소득은 주택저당채권에 대한 이자에서 나온다. 물론 다른 모든 것과 마찬가지로 둘 사이의 회색지대에 속하는 하나의 선택지가 있다. 이는 혼합형 리츠로, 두 가지 방식을 혼합한다.

여러 리츠를 비교하여 어느 것이 최선인지 판단할 때 여러 요소를 고려해야 한다. 다음은 다양한 리츠를 비교할 때 살펴야 할 중요한 요소들이다.

1. **배당수익률**: 배당이 얼마인지 확인하고 주가와 비교하라. 배당수익률은 주당 배당금을 주가로 나눈 것이다. 주가가 내려가면 배당수익률이 올라간다. 리츠의 경우 2014년 평균 배당률은 6.9%였다. 반면 S&P 500 기업의 배당률은 1.9%였다.

2. **이익성장률**: 리츠의 경우 이익에 대한 마법의 수치는 사업 운용수익Funds From Operations 또는 FFO라고 한다. FFO는 일반 기업과 같은 순이익 계산 방식으로는 제대로 알 수 없는 리츠의 진정한 실적을 말해준다. FFO는 부동산 매각 및 채무 구조조정에 따른 손익을 배제하고 부동산 감가상각을 더한 (회계 목적의) 정규 순이익에 해당한다.

3. **투자상품 유형**: 어떤 부동산에 투자했는지 파악하라. 리츠는 사무용 빌딩이나 쇼핑몰, 소매용 부동산 또는 아파트, 호텔, 리조트를 비롯한 주거용 부동산, 의료 시설, 다른 형태의 부동산에 투자할

수 있다.

4. **지리적 위치**: 어디에 투자했는지 확인하라. 전국 단위로 투자하는 리츠도 있고, 특정 지역에만 투자하는 리츠도 있다.

5. **분산화**: 다시 분산화라는 단어가 등장했다. 여러 주州에 걸쳐 자산을 분산하는 리츠를 선택하든, 작은 모텔부터 거대한 사무용 빌딩까지 모든 것에 투자한다는 생각으로 여러 리츠를 매수하든, 투자할 때는 언제나 분산화를 선호해야 한다. 물론 리츠 투자도 포함된다.

6. **운용팀**: 펀드와 마찬가지로 리츠는 전문 운용팀이 운용하는 투자 상품이다. 따라서 매니저의 배경을 조사해야 한다. 이 경우 부동산 업계에 배경이 있는 사람을 찾아야 한다. 리츠 매니저는 종종 개인 기업에서 시작하여 나중에 상장할 때까지 계속 일하면서 폭넓은 경험을 쌓는 경우가 많다.

주식을 발행하는 기업을 조사할 때와 마찬가지로 리츠를 운용하는 기업을 조사해야 한다. 또한 리츠가 사업을 운영하는 지역의 실제 부동산 시장과 경제적 여건도 살펴야 한다.

리츠 투자 실적 확인

리츠의 주가는 매일 게시된다. 그래서 펀드에 대한 투자 실적을 확인할 때처럼 리츠에 대한 투자 실적을 확인할 수 있다. 리츠의 성과를 말해주는 최고의 척도는 종종 간단하게 이익으로 불리는 FFO다. FFO는 주로 감가상각 측면에서 기업의 이익과 다르다. 컴퓨터와 트랙터 같은 자산을 보유한 기업의 경우 모든 물리적 자산(대지 제외)은 감가상각이 적용된다. 즉, 장부가치가 하락한다. 이는 타당한 일이다. 실제로 해당 자산은 시간이 지날수록 가치를 잃기 때문이다. 그러나 부동산은 대개 가치가 유지되거나 오른다. 주요 보유 자산이 부동산인 기업은 이익 또는 FFO를 다른 방식으로 계산한다. 즉, 표준 순수익을 구한 다음 부동산과 다른 비현금성 항목에 대한 감가상각을 더하고, 자본 거래의 효과를 제거한다. 이런 방식을 쓰면 리츠가 실제로 현금을 얼마나 벌어들이는지 보다 명확하게 알 수 있다.

결론적으로 당신이 지금은 부동산에 투자할 적기라고 믿는 초보 투자자라면 최선의 선택지는 리츠다. 리츠는 다른 수단으로는 참여할 기회(또는 자본)가 없는 수익형 부동산에 투자하는 저렴한 방법을 제공한다. 리츠나 소유 등 어떤 방식으로 진입하든 간에 부동산 투자는 수익성 좋고 가치 있는 투자 전략이 될 수 있다.

처음 시작하는 이들을 위한 최소한의 주식투자 이해하기

CHAPTER 6

외환 및
원자재 거래

외환 거래는 말 그대로 외환을 매매하는 것이며, 외환시장forex(포렉스)에서
이루어진다. 포렉스는 세계 최대의 금융시장이지만, 뉴욕증권거래소보다
덜 알려져 있다. 포렉스는 가장 덜 체계화된 시장 중 하나다. 그래서 다른 거
래소에서는 볼 수 없는 융통성을 제공한다.

원자재 거래는 농산물을 거래하는 것을 말한다. 이는 역사 전체에 걸쳐 전
세계에서 이루어졌다. 원자재 거래는 우리의 일상생활에 엄청난 영향을 미
친다. 가장 명백한 사례를 들자면 유가 변동은 매일 주유소에서 당신에게
영향을 미친다.

이 장에서는 이 두 유형의 투자를 살피고 거기서 돈을 버는 방법을 알아볼
것이다.

외환 및 파생상품 거래
돈에 대한 베팅

돈을 거래해서 돈을 번다는 생각은 말이 되지 않는 것처럼 들린다. 하지만 외환 거래로 상당한 돈을 벌 수 있다. 사실 많은 사람이 자신도 모르게 외환 거래를 한다. 가령 외국에 가서 달러를 현지 화폐로 바꿀 때마다 외환 거래를 하는 것이다. 투자 용어로 외환 거래 시장은 포렉스FX로 불린다. 믿기지 않겠지만 현재 포렉스에서는 매일 5조 달러 이상이 거래된다.

그중 대부분은 가장 탄탄하고 선진적인 금융시장을 갖고 있는 8대 주요 국가의 화폐로 이루어진다.

1. 미국(달러, 그린백greenback이라고도 함)
2. 영국(파운드, 스털링Sterling이라고도 함)

3. 일본(엔)

4. 유럽(유로)

5. 캐나다(캐나다 달러, 루니Loonie라고도 함)

6. 스위스(스위스 프랑, 스위시Swissie라고도 함)

7. 호주(호주 달러, 오지Aussie라고도 함)

8. 뉴질랜드(뉴질랜드 달러, 키위Kiwi라고도 함)

물론 다른 통화도 거래된다. 그러나 이 통화들이 가장 유동성이 크고 거래를 통해 수익을 내기가 쉽다. 가장 명심해야 할 점은 각국 통화가 상대적 가치를 지닌다는 것이다. 가령 달러와 엔을 매매하면, 달러와 유로를 매매할 때와 아주 다른 결과가 나온다. 당신이 거래하는 통화쌍currency pair은 서로에 대한 각 통화의 가치에 기반하기 때문이다.

외환 거래는 다르다

지금까지 우리가 살핀 투자상품 중 다수는 공식 거래소에서 거래되지만, 외환 거래는 다르다. 외환은 사실상 모든 주식, ETF, 옵션과 달리 규제를 받는 거래소에서 거래되지 않는다. (증권거래위원회 같은) 중앙 통제 기구는 없다. 거래를 보증하거나 검증할 공식 기구도 없다.

이 점은 종종 초보 외환 투자자들에게 말도 안 되는 것처럼 느껴진다. 그래도 이 시스템(또는 비시스템)은 돌아간다. 포렉스는 자유시장 체계이기 때문에 거래자들의 경쟁과 협력에 따른 자율 규제가 이루어진다. 다만 미국에서 외환 거래를 계획하고 있거나 발을 담그고 싶다면 반드시 전미선물협회National Futures Association에 등록된 FX 딜러를 써야 한다. 이 딜러들은 분쟁이 발생한 경우 구속력을 지닌 중재 절차를 거치기로 합의했기 때문이다.

포렉스가 지닌 또 다른 중요한 차이점은 하루 24시간 거래할 수 있다는 것이다. 일요일 오후 5시부터 금요일 오후 4시까지 거래는 계속 이루어진다.

금리가 수익률을 좌우한다

외환시장의 황금률이 있다면 금리가 수익률을 좌우한다는 것이다. 이 개념은 보기보다 단순하다. 외환을 매매할 때 언제나 금리가 수반된다. 매수자는 이자를 벌고, 매도자는 이자를 지불한다. 반대여야 할 것처럼 보이지만 시스템이 그렇게 돌아간다.

절차적 관점에서 보면 먼저 하나의 통화를 매도한다. 그다음 그 돈으로 다른 통화를 매수한다(다만 거래는 동시에 이루어진다). 통화를 매도할 때는 해당 통화에 대한 이자를 지불해야 한다(채권 발행자가 이자를 지급하는 것과 비슷하다). 반대로 통화를 매수할 때는 해당 통화에 대한 이자를 받는다.

각 통화는 베이시스 포인트basis point로 계산하는 고유한 금리를 수반한다. 외환 거래에 따른 순수익은 매도한 통화와 매수한 통화의 차이에 해당하며, 베이시스 포인트로 표시된다. 금리가 400베이시스 포인트인 통화를 매도하고 금리가 600베이시스 포인트인 통화를 매수하면 순수익은 200베이시스 포인트(또는 2포인트)다.

파생상품에 대한 이해

파생상품은 다른 것에서 파생된 가치를 지니는 투자상품이다. 그 자체로는 아무런 가치도 없다. 파생상품의 가치는 기초자산과 그 가치의 변동에서 나온다. 모든 파생상품은 베팅과 같다. 파생상품 트레이더는 대개 기초자산에 영향을 미치는 미세한 변동에 베팅하는 도박을 한다.

모든 파생상품은 쌍방의 계약이다. 가장 흔한 파생상품 계약은 옵션, 선물, 스와프swap, 선도거래forward contract다. 이 계약들은 다른 투자상품만을 대상으로 삼지 않는다(투자상품이 대상인 경우가 일반적이기는 하다). 가령 날씨 데이터(8월에 플로리다에 비가 올까?)나 명절 소매 매출 또는 금리를 대상으로 삼기도 한다. 대다수 파생상품은 주식, 채권, 외환, 원자재, 심지어 시장 지수 등 투자 관련 항목을 대상으로 한다.

처음 시작하는 이들을 위한 최소한의 주식투자 이해하기

원자재와 귀금속

노다지를 찾아서

가치의 원천에 바로 투자하고 싶다면 원자재나 귀금속에 투자할 수 있다. 이들은 식품 같은 기본적인 산업부터 가상현실 게임 같은 하이테크 산업까지 전 세계의 모든 산업에 재료를 공급한다. 풍부하고 대체 가능한 경우 가격이 낮게 유지된다. 반면 희소성은 가격을 상승시킨다. 심지어 (석유의 경우에서처럼) 희소성에 대한 공포도 가격을 상승시킬 수 있다. 능숙한 투자자는 전 세계에서 증가하는 수요를 살피며, 전 세계에서 가장 빠르게 소비될 것으로 예상되는 원자재에 돈을 넣는다.

이 시장은 거의 아무것도 바뀌지 않은 채 아주 빠르게 성장했다. 수백 년 전, 농민들은 옥수수와 밀을 시장까지 들고 가서 가장 높은 값을 부르는 사람에게 팔았다. 이제는 그렇게 하는 사람은 없다. 그래도 생산자들은 여전히 가장 높은 값을 받을 때까지 버틴다.

이 투자 범주는 다른 범주보다 위험하다. 그래도 일정한 형태로 (펀드를 통해서라도) 원자재를 보유하면 포트폴리오에 분산화와 인플레이션에 대한 어느 정도의 보호 수단이 추가된다.

원자재

일부 투자자는 생산사슬의 바닥으로 직행하는 것을 선호한다. 그래서 자원 또는 투자계에서 말하는 원자재를 사용하여 소비재를 만드는 기업에 투자하지 않고 직접 원자재를 매수한다. 원자재는 천연자원, 즉 모든 생산수단에 사용되는 원료로 다음과 같은 종류가 있다.

• 원목: 주택 건설 외에 훨씬 많은 용도를 지닌다.

- 석유: 운송비 외에 훨씬 많은 부문에 영향을 미친다.
- 면화: 의류부터 커피 필터까지 많은 제품에 쓰인다.
- 밀: 수백 가지 식품의 주재료이다.
- 옥수수: 식품, 건축자재, 바이오연료에 들어간다.
- 금: 장신구 제조 외에 훨씬 많은 용도로 쓰이는 귀금속이다.

원자재 자체는 직접 사고팔 수 있지만, 선물 계약의 기초자산으로 투자되는 경우가 많다. 대다수 개인투자자는 원자재를 대량으로 매수하지 않고 펀드와 ETF를 통해 원자재에 투자할 수 있다.

귀금속

귀금속, 특히 금은 개인투자자가 원자재를 매수할 일이 없다는 말에 해당하지 않는다. 전 세계에 걸쳐 수백만 명의 투자자가 금을 사고판다. 다만 그보다 훨씬 많은 투자자는 주식(가령 채굴기업)과 귀금속 펀드를 통해 금에 투자한다. 장기적으로 높은 가치를 유지할 것이라는 믿음으로 금을 사고파는 투자자를 '황금광goldbug'이라고 부른다.

금에 직접 투자하는 것은 두어 가지 방식으로 이루어진다. 가령 골드바나 금화를 살 수 있다. 금괴는 바나 동전의 형태로 만들어지기 전의 순금 덩어리다. 금괴를 직접 보유하는 개인투자자는 (있다 해도) 거의 없다. 골드바는 대다수 사람이 떠올리는 금의 형태다(골드바가 쌓여 있는 모습). 골드바는 순도가 최소 99.5%인 금괴로 만들어지며, 캐럿 단위로 표시된다. 골드바는 대부분 균일한 400트로이 온스troy onunce(금의 무게를 재는 단위)의 무게를 지닌다. 하지만 작게는 1온스짜리도 있다. 금화는 순금으로 만들어진 실제 화폐다. 금화는 이제 화폐로 쓰이는 경우는 드물다. 그러나 대개 금으로서의 가치보다 높은 확고한 가치를 지닌다. 대다수 투자자는 금화를 보유하는 쪽을 선택하며, 자신의 소장품을 아주 뿌듯하게 여긴다.

금 외에 다른 귀금속에도 투자할 수 있다. (몇 가지만 예를 들자면) 은, 플래티넘, 구리도 종종 동전 형태로 매매된다. 이 금속들은 금만큼 높은 거래 가치를 지니지는 않는다. 그러나 제조용으로 산업계에서 많이 찾는다.

금의 용도

금은 아름답고 빛나는 금속으로서 보기 좋게 목에 두르거나, 보석을 둘러싸는 것보다 훨씬 많은 용도를 지닌다. 금은 의료기계부터 항공우주 장비, 유리까지 다른 많은 유형의 제품에 사용된다. 물론 3000년 넘게 화폐로 사용되기도 했다.

옵션

미래에 대한 투자

옵션은 보유자가 특정한 날까지 특정한 가격에 다른 증권을 매매할 수 있는 권리를 부여하는(의무는 부여하지 않음) 유가증권이다. 옵션의 핵심은 베팅이라는 것이다. 옵션을 보유하면 기초자산이 되는 증권의 가격이 예상한 방향(상승 또는 하락)대로, 예상한 폭만큼 움직일 것이라고 베팅하는 셈이다. 또한 가격이 움직이기만 하면 어느 방향인지는 상관없는 경우도 있다. 대다수 사람은 옵션을 주식과 연계한다(즉, 주식 옵션). 그러나 세상에 존재하는 사실상 모든 종류의 증권을 대상으로 옵션을 판매할 수 있다. 하지만 주식 옵션이 가장 흔한 형태이므로 이 장에서는 거기에 초점을 맞출 것이다.

> **상장 옵션**
>
> 상장 옵션은 시카고옵션거래소Chicago Board Options Exchange, CBOE나 다른 전국 옵션거래소에서 거래된다. 상장 옵션은 모두 정해진 만기일과 행사가격strike price을 지닌다. 또한 모든 상장 옵션은 100주의 주식을 매매하는 계약에 해당한다.

자세한 내용을 살피기 전에 옵션과 관련된 기본적인 용어부터 알아야 한다. 가장 중요한 두 가지 개념은 '풋put'과 '콜call'이다. 풋 옵션은 매도를 위한 것이고, 콜 옵션은 매수를 위한 것이다. 두 유형의 거래는 해당 옵션의 기초자산을 대상으로 삼는다. 매수나 매도를 결정하면 옵션을 행사하게 된다. 옵션에 명시된 증권의 가격은 '행사가격'이라고 하고, 장기 옵션은 립스LEAPS라고 한다.

주식 옵션

주식 옵션은 특정 주식을 기초자산으로 삼는다. 주식 옵션은 미리 정해진 기간 안에, 미리 정해진 가격으로, 특정한 수의 해당 종목을 (옵션의 유형에 따라) 매수하거나 매도할 권리를 부여한다. 가령 오늘부터

한 달 후에 ABC사 주식 300주를 50달러에 살 수 있는 콜 옵션을 매수했다고 가정하자. ABC사의 주가가 한 달 후에 60달러가 되면, 옵션을 행사하여 300주를 50달러에 매수할 수 있다(뒤이어 60달러에 매도하면 주당 10달러씩, 3,000달러의 쏠쏠한 수익을 낼 수 있다). 반대로 주가가 한 달 후에 45달러가 되면 옵션이 소멸하도록 놔두게 된다. 45달러에 살 수 있는 주식에 50달러를 지불할 이유가 없으니까 말이다.

옵션 매도

옵션을 매수하는 것이 아니라 매도할 수도 있다. 이 경우 매도자는 명시된 행사가격에 기초자산을 매수하거나 매도할 기회를 부여한다. 매수자가 옵션을 행사하기로 선택하면 매도자는 계약 내용을 이행해야 한다.

옵션을 보유하면 잠재적 수익은 사실상 무한한 반면, 손실은 옵션을 매수하기 위해 지불한 금액으로 한정된다. 주식 옵션의 가치는 현재 주가, 행사가격, 해당 주식의 포지션을 보유하는 누적 비용(이자 및 배당 포함), 소멸 기간(대개 2년 내), 주가의 미래 변동에 대한 추정이라는 다섯 가지 주요 요소로 결정된다.

립스LEAPS

일부 투자자는 장기적인 관점을 선호하기 때문에 립스Long-Term Equity Anticipation Security, LEAPS(장기주식예측증권)라는 장기 옵션을 매수할 수 있다. 만기는 대개 2년에서 3년이며, 길게는 5년 내지 10년인 경우도 있다. 립스는 이 주요한 차이점 말고는 일반 옵션처럼 거래된다.

립스는 정규 옵션처럼 거래되지만 그만큼 폭이 넓지는 않다. 즉, 거래량이 아주 많은 주식만 기초자산으로 삼으며, 단기 옵션만큼 다양한 주식을 대상으로 발행되지 않는다.

종업원 스톡옵션

당신은 종업원 스톡옵션을 알고 있거나, 심지어 받았을지도 모른다. 이 스톡옵션은 기업이 자사 주식을 토대로 종업원(대개 전반적인 보상 패키지의 일환으로 고위급 직원)에게 제공한다. 일부 산업, 특히 생명공학처럼 빠르게 성장하는 업종에서는 하위급 직원에게도 스톡옵션을 제공할 수 있다. 스톡옵션은 직원들에게 열심히 일할 동기를 부여하고, 기업이 수익성을 높이도록 도움을 준다. 또한 고급 인재를 끌어들이기 위한 인센티브로 활용되기도 한다.

처음 시작하는 이들을 위한 최소한의 주식투자 이해하기

종업원 스톡옵션은 제3자가 발행하지 않는다는 점에서 일반 옵션과 다르다. 스톡옵션은 발행 기업과 옵션 보유자 사이의 직접적인 계약이다. 또한 스톡옵션은 종종 비과세 혜택을 받는다. 이는 기업과 직원에게 추가적인 혜택을 안긴다. 또 다른 주요 차이점은 옵션을 행사할 수 있는 기간이다. 스톡옵션은 대개 최소 보유 기간(대개 1년 이상)이 있으며, 길게는 10년까지 오랜 기간이 지나야 행사할 수 있다.

선물 거래

선물 계약은 존재하는 가장 위험한 투자상품 중 하나다. 선물 매수는 (사실상) 주식 매수만큼 쉽다. 증권사에 연락하여 주문을 넣고 높은 수수료를 지불하기만 하면 된다. 그러나 잠재적 결과는 전혀 다르다.

선물 계약을 매수할 때는 옵션과 달리 계약에 명시된 자산(대개 원자재)을 미리 정해진 가격과 시기에 반드시 매수하거나 매도해야 한다. 선물 계약은 거의 대부분 농산물(삼겹살이나 옥수수 등), 에너지 제품(석유 등), 귀금속(은이나 금 등), 외환을 기초자산으로 삼는다.

선물 트레이더는 일이 잘 풀리면 아주 많은 돈을 벌 수 있다. 하지만 반대의 경우에는 엄청난 재정적 타격을 입는다. 가격의 방향을 잘못 예측하면 선물 계약에 투자한 금액보다 훨씬 큰 금액을 지불해야 한다. 매수자는 계약 조건을 이행할 의무가 있다는 사실을 명심하라. 그래서 위험을 선호하는 개인투자자도 기초자산과 해당 시장 및 그 작동 방식을 전반적으로 이해하고 있다는 자신이 없으면 선물시장을 멀리해야 한다.

033 | SHORT SELLING

공매도
하락에 대한 베팅

투자에 있어서 전체 파이를 매수long와 공매도short, 두 조각으로 나눌 수 있다. 매수는 증권(대개 주식)의 가격이 오를 것으로 예상한다는 뜻이다. 공매도는 증권의 시장가격이 내리는 데 베팅한다는 뜻이다. 대다수 사람은 매수를 한다. 그러나 위험을 선호하는 사람들은 종종 공매도를 한다. 해당 기업이 무너지면 엄청난 수익을 올릴 수 있기 때문이다.

공매도 금지

주식시장이 갑작스럽게 급락하면 정부는 공매도를 금지할 수 있다. 공매도 투자자는 주가가 하락하기를 바란다. 그들의 활동은 이미 진행되고 있는 주가 하락을 부채질할 수 있다. 그래서 폭락을 멈추기 위해(또한 투자자의 신뢰를 회복하기 위해) 시장이 안정을 되찾을 때까지 공매도를 일시적으로 금지할 수 있다.

조Joe는 엑손모빌ExxonMobile의 주가가 곧 하락할 것이라고 생각하며, 거기서 이득을 보고 싶어 한다. 그는 증권사를 통해 엑손모빌 주식 100주를 빌린 다음 현재 주가인 100달러로 매도한다. 즉, 1만 달러를 거둬들였다는 뜻이다. 다만 조는 여전히 증권사에 엑손모빌 주식 100주를 갚아야 한다. 조의 운이 좋다면 엑손모빌의 주가는 떨어질 것이다. 이 경우, 가령 주가가 주당 90달러로 떨어지면 조는 9,000달러에 100주를 확보하여 단기간에 1,000달러의 이득을 볼 수 있다(계산을 단순하게 만들기 위해 거래 수수료는 없다고 가정한다). 엑손모빌의 주가가 변하지 않으면 조는 100달러에 100주를 사서 증권사에 돌려준다. 이 경우 본전치기가 된다. 하지만 엑손모빌의 주가가 올라서 주당 101달러가 되면 조는 곤경에 처한다. 이제 그는 100주를 확보하는 데 1만 100달러를 써야 한다. 그만큼 자신의 호주머니와 포트폴리오에서 즉각적으로 손실이 난다.

신용 매수margin buying

신용 매수는 주식을 빌리는 과정을 수반하고, 투자자의 포트폴리오를 고갈시키는 파멸적인 손실을 초래할 수 있다는 점에서 공매도와 비슷하다. 신용 매수를 하는 경우 투자자는 자신의 돈은 조금만 쓰고, 증권사의 돈을 많이 써서 주식을 매수한다. 신용 매수를 하려면 먼저 증권사에 마진 계좌를 개설해야 한다. 신용 매수를 하면 해당 주식은 대출 담보로 계좌에 남는다. 좋은 조건처럼 보이지 않는가? 당신의 돈으로 살 수 있는 것보다 많은 주식을 사고, 그 주식을 대출 담보로 삼으면 되니까 말이다.

모든 일이 잘 풀려서 주가가 오르면 아주 좋은 조건이 맞다. 하지만 주가가 하락하면 아주 어려운 상황이 된다. 투자에 대한 손실을 감수해야 할 뿐만 아니라, 주식을 사기 위해 증권사에 빌린 돈에 이자까지 얹어서 갚아야 한다. 물론 주가가 반등할 수도 있다. 그래도 문제가 해결되는 것은 아니다. 마진 계좌를 유지하려면 법규에 따라 유지 증거금maintenance margin이라는 금액을 넣어둬야 한다. 연방법이 정한 유지 증거금의 최저한도는 25%다. 즉, 마진 계좌의 잔액은 당신이 빌린 주식가치의 최소 25%여야 한다.

마진콜margin call

투자자가 두려워하는 것이 있다면 바로 증권사의 마진콜이다. 마진콜은 투자자가 마진 거래로 매수한 주식의 가격이 떨어질 때 발생한다. 이 경우 마진 계좌에 있는 주식의 가치는 담보 요건을 충족하기에 부족하다. 그래서 투자자가 급히 차액을 메워야 한다.

이해하기 쉽도록 구체적인 수치를 들어 살펴보자. 제인Jane은 IBM 주식을 1만 달러어치 매수하고 싶어 한다. 다만 자신의 돈은 5,000달러만 쓰려고 한다. 그녀는 마진 계좌를 활용하여 증권사의 돈을 5,000달러 빌려서 주식을 매수한다. 그에 따라 IBM 주식은 마진 계좌에 보관된다. 다음 주에 IBM의 주가가 하락한다. 이제 그녀가 보유한 IBM 주식의 가치는 7,000달러밖에 되지 않는다. 이제 그녀의 마진 계좌에 남은 잔액은 2,000달러로 줄어든다(현재 주식가치 7,000달러-대출금 5,000달러). 그러면 유지 증거금이 기준인 25%보다 500달러가 부족해진다. 따라서 500달러를 추가하거나(주가가 반등할 것이라고 예상하는 경우) 손해를 보고 주식을 팔아서 대출을 갚아야 한다.

기업공개IPO

기업공개는 경영진이나 투자자 모두에게 흥분되면서도 두려운 일이다. 기업은 자금을 확보하기 위한 수단으로 기업공개를 선택한다. 이는 처음으로 대중을 상대로 주식을 발행한다는 의미다. 성장 중인 기업은 주식을 팔아서 빚을 지지 않고도 자본을 확충할 수 있다. 뒤이어 투자자는 성장하기를 바라는 기업의 주식을 매수하여 수익을 올리기를 기대한다. 기업이 성장하면 결국 해당 주식은 투자자의 매수 가격보다 훨

처음 시작하는 이들을 위한 최소한의 주식투자 이해하기

씬 높은 가치를 지니게 된다.

투자은행(가령 도이치뱅크Deutsche Bank)이 대개 주식을 발행하는 세부적인 절차를 진행한다. 기업은 투자은행과 협의하여 필요한 자금 규모, 주식 가격, 발행 비용 등을 결정한다. 또한 증권거래위원회에 증권신고서를 제출한다. 뒤이어 증권거래위원회는 심사를 통해 1933년에 발효된 증권법에 따라 정보를 제대로 공개했는지 확인한다. 그다음 해당 기업이 보통주를 발행하고 상장하는 데 필요한 모든 요건을 충족했는지 판단한다.

신규 상장 주식을 매수하는 방법

신규 상장에 대한 정보를 찾는 최고의 방법은 모든 금융계 속보에 등장하는 증권사를 이용하는 것이다. 나스닥의 홈페이지는 근래와 향후의 모든 신규 상장 목록을 게시한다www.nasdaq.com/markets/ipos. 상장을 기다리는 기업은 익숙한 주요 증권사에 연락하고, 증권사는 다시 해당 사실을 고객에게 알린다. 새로운 모든 것이 그렇듯이 신규 상장주는 변동성이 큰 속성 때문에 아주 위험하다. 그래서 주가가 안정될 때까지 기다렸다가 타당한 투자 대상인지 판단하는 것이 좋다. 당신이 조사하는 대다수 주식은 이미 활발하게 거래되고 있을 것이다.

예비 투자 설명서red herring

증권거래위원회는 기업공개 전에 모든 것이 정상인지 확인해야 한다. 그동
안 대개 예비 투자 설명서가 발행된다. 이 자료는 대상 기업에 대한 정보와
신규 상장 사실을 대중에게 알려준다. 상장 준비를 마친 주식은 현재 시장에
맞춰서 가격이 제시된다.

CHAPTER 7

학자금 및 은퇴 계획

사람들이 살면서 가장 크게 걱정하는 두 가지는 자녀의 학자금과 은퇴자금을 마련하는 것이다.

교육비는 계속 늘어나고 있다. 2015년 기준으로 4년제 사립대학의 평균 학비는 무려 16만 9,676달러다. 학자금 대출은 우려스러운 수준으로 늘어나고 있다. 2015년 졸업반 학생들은 평균 3만 5,000달러의 대출금을 갚아야 한다. 의전원이나 로스쿨 같은 특정 분야의 경우 그 금액이 훨씬 크다.

학자금을 마련하기 위해 많은 전략이 제안되었다. 그중에서 많은 사람이 고려하는 것은 전략적 투자다. 적은 금액이라도 현명하게 투자하면 학자금을 충당할 수 있는 수준으로 불어날 수 있다.

은퇴자금의 경우도 마찬가지다. 대다수 잠재적 은퇴자는 생활비와 복지급여의 간극을 메우기에 충분히 저축하지 못했다. 연금 생활이 빠르게 과거의 일이 되어가는 지금, 은퇴자금을 마련하기 위한 투자가 매력적인 대안이다.

학자금을 위한 투자
자녀의 미래를 위한 준비

대학 등록금이 우려스러운 수준으로 오르고 있다. 자녀가 대학 교육의 혜택을 누리게 해주려면 지금부터 저축해야 한다. 다행히 은퇴자금을 축내지 않고도 자녀를 대학에 보내는 데 도움을 주는 여러 가지 투자 선택지가 있다. 가령 529 플랜처럼 주 정부가 후원하는 플랜에 투자하거나, IRA와 비슷한 당신의 독자적인 계획을 수립할 수 있다. 사실 두 가지 모두 투자하는 것도 가능하다. 어떤 방식을 선택하든 간에 당장 시작하는 것이 최선이다.

지금 학자금을 마련하기 위한 계획을 시작하라

이 장에서 다른 것은 몰라도 이 말 하나만은 기억하라. 지금 자녀의 학자금을 마련하기 위한 저축을 시작하지 않으면 수많은 선택지가 사라질 것이다. 아직 자녀가 없다면 가질 생각을 하는 순간부터 저축을 시작하라. 일찍 시작하면 복리의 힘이 당신을 위해 일하게 만들 기회가 더 많이 생긴다. 그래서 저축을 더 빨리 불릴 수 있다. 현재 연간 대학 등록금은 주립대학의 경우 1만 4,000달러, 사립대학의 경우 무려 4만 1,000달러에 이른다.

한 걸음 물러서서 생각해보자. 10년이나 20년 후에 낼 학자금을 마련하기 위해 얼마나 모아야 하는지 어떻게 알 수 있을까? 빠르고 간단한 답은 온라인 계산기를 활용하는 것이다. 온라인 계산기는 등록금, 도서 구입비, 숙식비, 심지어 생활비까지 전체 비용을 파악하는 데 도움을 준다. 당신의 고유한 상황에 따라 자녀가 멀리 통학한다면 교통비도 감안해야 한다.

이 계산을 위한 최고의 웹사이트는 샐리 매Sallie Mae, www.salliemae. com가 제공한다. 그들이 제공하는 무료 계획 도구인 대학 학비 계획용 계산기College Planning Calculator, www.salliemae.com/plan-for-college/college-planning-toolbox/college-planning-calculator는 대학 학비를 제시하고, 수천 개 대학(공립 및 사립)의 학비를 비교할 수 있다. 또한 저축, 장

학금, 지원금, 학자금 대출 등 학부모가 학비를 댈 수 있는 다양한 방법
도 알려준다.

지원금 계산

한 대학이 다른 대학보다 등록금이 비싸다고 해서 자녀를 그 대학에 보내기
위해 더 많은 돈을 지출해야 하는 것은 아니다. 등록금이 비싼 대학들은 종종
더 많은 지원금을 제공한다. 그래서 자녀를 학자금이 싼 대학에 보내는 경우
보다 낮은 비용이 들어갈 수도 있다.

장기 계획을 수립하기 위해 샐리 매의 계산기를 사용하면 다음과 같
은 기본 정보를 입력해야 한다.

- 선택한 학교의 현재 등록금
- 자녀의 대학 진학까지 남은 기간
- 자녀의 학자금으로 이미 모아둔 금액
- 예상 투자수익률

샐리 매 웹사이트는 예상 금액이 나오면 늘어나는 비용을 극복하기
위한 저축 계획을 세우도록 도와준다. 첫 단계는 장학금의 형태로 주어

처음 시작하는 이들을 위한 최소한의 주식투자 이해하기

지는 공짜 돈이 나올 만한 모든 출처를 알려주는 것이다.

비과세 학자금 저축

일반 저축은 불가피하게 세금으로 이어지며, 세금은 저축액을 갉아먹는다. 얼마 전까지는 일반 저축이 학자금을 모으는 유일한 수단이었다. 하지만 지금은 비과세 혜택을 통해 세금이 유예되는 가운데 돈을 불리고, (일부 경우에는) 비과세로 그 돈을 활용할 수 있는 선택지들이 있다.

회계사에게 문의하라

세법은 교육비 공제의 형태로 혜택을 제공한다. 세무사에게 호프Hope 공제나 평생학습Lifetime Learning 공제를 받을 자격이 되는지 문의하라. 또한 등록금과 학비 또는 학자금 대출 이자에 대한 특별 공제 제도를 이용할 수 있을지도 모른다.

돈을 불리는 동안 세금 유예가 왜 중요할까? 더 많은 돈이 당신을 위해 일하도록 만들 수 있고, 수익에 대한 세금을 내서 계속 줄어드는

경우보다 종잣돈을 훨씬 빨리 불릴 수 있기 때문이다. 은퇴자금을 마련하기 위해 돈을 모을 때도 마찬가지다. 세금은 많이 피할수록 좋다.

당신이 받을 수 있는 세 가지 비과세 혜택이 있다.

첫째, 지금 묻어두는 돈에 세금이 부과되지 않거나 일시적으로 공제 혜택이 주어진다.

둘째, 현재 수익에 세금이 부과되지 않는다.

셋째, 학자금을 대기 위해 돈을 인출할 때 세금이 부과되지 않는다.

학자금을 마련하기 위한 모든 투자가 이 세 가지 혜택을 제공하는 것은 아니다. 일부는 비과세 혜택을 전혀 제공하지 않는다. 당신의 집안 사정에 가장 잘 맞는 저축 상품을 찾을 때, 세금이 힘들게 번 돈에 미칠 현재와 미래의 영향을 고려하라.

529 플랜에 대한 모든 것

529 플랜으로 불리는 공인 학자금 저축 플랜은 학자금 저축 방식을 바꾸어 놓았다. 주 정부가 후원하는 이 제도는 상당한 비과세 혜택을 제공한다. 덕분에 학자금을 마련하기 위해 돈을 모으기가 그 어느 때보다 쉬워졌다. 529 플랜에는 대학 학자금 저축 플랜(대다수 사람이 529 플랜하면 떠올리는 것)과 선납식 학자금 플랜, 두 가지 유형이 있다.

처음 시작하는 이들을 위한 최소한의 주식투자 이해하기

> **학자금만 해당**
>
> 학자금 저축 플랜에서 인출한 돈을 다른 곳에 쓰면 수익에 대해 무거운 가산세를 맞는다. 구체적으로는 일반 세율에 추가로 10%를 내야 한다. 학교까지 가는 교통비나 기숙사 방을 꾸미는 비용은 교육비로 인정받지 못한다.

학자금 저축 플랜은 계좌 보유자(대개 부모나 조부모)가 미래의 학생(공식적으로는 수혜자)을 위한 계좌를 열도록 해준다. 계좌 보유자는 계좌에 대한 결정을 내린다. 거기에는 투자 선택도 포함된다. 다만 플랜을 후원하는 주에 따라 선택지가 제한될 수 있다. 수혜자가 대학에 입학하면 계좌 보유자는 529 플랜의 자금으로 모든 '공인 교육비'를 지불할 수 있다. 거기에는 등록금과 숙식비에 더하여 학비, 도서 구입비, 컴퓨터 구입비가 포함된다. 돈을 공인된 항목에 지출하는 한 연방 소득세를 납부하지 않아도 된다. 대부분의 경우, 주 소득세도 면제된다. 실제로 많은 주는 529 플랜 납입액에 대해 세금을 공제해준다. 심지어 다른 주의 529 플랜에 납입해도 공제해주는 주도 있다.

529 플랜이 지닌 또 다른 큰 이점은 납입 한도가 상당히 높다는 것이다. 일부 주에서는 최대 30만 달러까지 비과세 혜택을 제공한다. 게다가 소득 제한이 없어서 구간별로 비과세 혜택이 줄어들지 않는다. 물론 여전히 약간의 과세 가능성(언제나 그렇다)은 있으며, 납입액에 대해

연방(및 주) 증여세가 부과될 수 있다. 현재 기준으로 1만 4,000달러 이상(부부 합산 2만 8,000달러 이상이나 5년간 7만 달러 이상) 증여하는 경우 대개 증여세 과세 대상이다. 다행히 529 플랜 납입액에 적용되는 특별 예외 조항이 있다. 부부 합산으로 10만 달러까지는 주 정부가 공인하는 학자금 저축 플랜에 넣을 수 있다. 이 경우 5년간 2만 달러를 넣는 것으로 계산하여 증여세 문제가 완전히 해소된다. 다만 5년이 지날 때까지 추가로 납입하는 금액에 대해서는 더 이상 증여세가 면제되지 않는다.

이런 점들은 모두 좋아 보인다. 하지만 약간의 단점도 있다. 가령 돈을 어디에 투자할지 당신이 마음대로 결정할 수 없다. 대개 주 정부가 매우 한정된 메뉴를 대상으로 대신 투자한다. 주에 따라 적게는 두 가지 투자상품에만 투자하는 경우도 있고, 많게는 30가지 투자상품에 투자하는 경우도 있다. 또한 투자상품은 1년에 한 번만 바꿀 수 있다. 그리고 529 플랜에 들어 있는 금액에 따라 학자금 지원액이 줄어든다.

코버델 학자금 저축 계좌

코버델 학자금 저축 계좌Coverdell education savings account. ESA는 비과세 혜택을 누리면서 학자금을 저축할 수 있는 수단이다. 또한 초등학

교와 중학교를 포함하여 모든 학자금을 댈 수 있다는 고유한 이점을 지
닌다. ESA 납입액은 공제 혜택을 받지 못한다. 그러나 계좌에서 발생
한 수익은 공인 교육비를 지불하는 데 사용하면 비과세 혜택을 받는다.

학자금 지원 제한

ESA는 자녀가 받을 수 있는 학자금 지원액을 심하게 줄인다(심지어 완전히 없
애기도 한다). 그 이유는 ESA 계좌가 자녀의 자산으로 간주하기 때문이다. 자
녀의 자산은 학자금 지원 여부를 따질 때 추가적인 고려사항이 된다.

ESA로 저축을 시작하려면 먼저 은행(또는 증권사 같은 금융기관)에서
각 자녀를 대상으로 ESA 계좌를 열어야 한다. 자녀가 3명이라면 3개
의 개별 ESA 계좌가 필요하다. 각 ESA 계좌는 1명의 자녀를 대상으
로만 개설할 수 있지만, 1명의 자녀가 자신의 명의로 하나 이상의 ESA
계좌를 갖는 것은 가능하다.

매해 1명의 수혜자를 대상으로 최대 2,000달러까지 ESA 계좌에 납
입할 수 있다. 1명의 자녀가 하나 이상의 ESA 계좌를 가진 경우, 전체
계좌에 걸쳐 연간 총납입액은 2,000달러로 제한된다. 1명의 자녀를 대
상으로 이보다 많이 납입하는 경우(다른 납세자가 납입한다고 해도) 초과
분에 가산세가 부과된다. 대신 자녀가 2명 이상이면 2,000달러씩 복수

로 납입할 수 있다. 납입은 자녀가 18세가 될 때까지 할 수 있다. 한 가지 예외는 계좌에 있는 돈으로 학자금을 지불하는 해에는 금액에 상관없이 납입할 수 있다.

지금쯤은 예상했겠지만 넘어야 할 다른 장벽도 있다. 우선 소득 제한이 있다. 당신의 소득은 ESA에 납입할 수 있는 금액을 제한한다. 1인 기준 9만 5,000달러, 합산 기준 19만 달러 이하를 버는 경우 전액을 납입할 수 있다. 이보다 소득이 높으면 최대 납입액이 단계적으로 줄어든다. 그래서 1인 기준 11만 달러, 합산 기준 22만 달러가 되면 0이 된다. 또한 수혜자가 30살이 될 때까지 계좌에 들어 있는 돈을 써야 한다.

그래도 ESA의 진정한 이점을 간과해서는 안 된다. ESA의 경우 다른 학자금 저축 수단과 달리 투자를 전적으로 통제할 수 있다. 그래서 펀드이나 주식, 채권 또는 적당하다고 생각하는 다른 투자상품 등 사실상 모든 것에 투자할 수 있다. 또한 어디서든 원하는 지역에서 계좌를 열 수 있다. 그리고 대학이 아닌 모든 교육기관의 학자금을 지불할 수 있는 뛰어난 융통성을 제공한다. 원한다면 사립 유치원 학비로 쓸 수도 있다. 끝으로 대부분의 경우 ESA와 529를 동시에 납입할 수 있다. 그러면 자녀의 미래를 보다 잘 준비할 수 있다.

선납식 학자금 플랜

주 정부가 후원하는 선납식 학자금 플랜은 529 플랜에 속한다. 하지만 일반 학자금 저축 플랜과 상당히 다르다. 세부적인 내용은 주마다 다르지만 기본적인 개념은 같다. 바로 미래의 학자금을 지금 낸다는 것이다.

이 플랜은 여러 장점을 지닌다. 먼저, 자녀가 언제 대학에 가든 현재 기준으로 등록금을 지불한다. 그러면 미래에 등록금이 얼마든 간에 자녀가 대학에 들어갈 자격을 얻는다. 이 플랜은 대부분 주립대학을 대상으로 삼는다. 그러나 다른 주의 주립대학이나 사립대학의 등록금도 지불할 수 있도록 융통성을 부여하는 주 정부도 많다. 만약 자녀를 대학에 보내지 않는 경우 계좌를 다른 친척에게 양도하거나, 손주를 위해 계속 유지하거나, 전액 또는 부분 환급을 받을 수 있다. 다만 한 가지 큰 단점이 있다. 이 플랜에 가입하면 그 금액만큼 자녀가 학자금 지원을 받을 자격이 줄어든다. 그래서 자녀가 사립대학에 가고 싶어 하는데 선납식 플랜으로 전체 비용을 충당할 수 없을 때 학자금 지원에 기대지 못할 수 있다.

플랜이 제공하는 혜택은 각 플랜을 후원하는 주 정부에 달려 있다. 모든 주는 4년제 대학의 등록금을 대상으로 선납식 학자금 플랜을 운영한다. 숙식비까지 충당할 수 있도록 해주는 대학도 많다. 당신이 거주하는 주의 플랜보다 낫다면 다른 주의 플랜을 선택해도 된다.

이제 기본적인 내용을 알았으니 결론을 내릴 때다. 선납식 학자금 플랜은 당신의 가족에게 맞는가? 다음 경우에 선납식 학자금 플랜이 적당할 수 있다.

- 위험과 불확실성을 싫어한다.
- 대학 등록금이 보장되어 있다는 사실을 알면 편하게 잘 수 있다.
- 학자금 지원을 기대하지 않는다.
- 자녀가 가려는 대학이 선납식 학자금 플랜 적용 대상이다.

언제든 선납식 학자금 플랜과 ESA에 모두 투자할 수 있다는 사실을 명심하라. 선납식 플랜으로 충당할 수 없는 비용은 ESA 계좌에 모아둔 돈으로 해결하면 된다. 두 계좌에 대한 비과세 혜택은 아무런 영향을 받지 않는다.

어떤 계획을 선택해야 할까?

선납식 학자금 플랜은 주마다 다르다. 그래도 모든 플랜에 대한 자세한 내용을 담은 사이트가 있다. 바로 대학 학비 저축 플랜 네트워크College Savings Plans Network. www.collegesavings.org다. 이 사이트에는 개별 플랜의 특성이 소개되어 있으며, 링크를 따라가면 해당 주 정부 웹사이트보다 자세한 내용을 확인할 수 있다.

교육 채권과 CD

지난 10여 년 동안, 불안한 부모들은 학자금을 모으기 위해 교육 채권과 CD라는 안전하고 보장된 투자 수단에 투자할 수 있었다. 하지만 이 투자 수단들은 대부분 간과되었다. 어차피 주식시장이 매일 상승하는 상황에서는 아주 높은 수익률을 안기지 못하고 느리게 불어나는 선택지를 무시하기 쉽다. 하지만 이제 시장은 큰 폭으로 하락했고, 신용 경색이 발생했다. 그 결과 안전한 (하지만 지루한) 투자상품이 갑자기 훨씬 더 매력적으로 보이게 되었다.

이는 당연한 일이다. 그 이유가 단지 다른 투자상품이 매력을 잃었기 때문만은 아니다. 이 학자금 저축 수단들은 시장 상황과 무관하게 학자금 저축 포트폴리오에서 한 자리를 차지해야 한다. 그들은 학자금 저축에 대한 안전망을 제공하며, 수익도 안겨준다. 흥분되는 수준은 아니지만 꾸준한 수익이 보장된다. 보이는 그대로 얻을 수 있다.

교육 채권

미국 재무부는 국민의 자녀들이 대학에 가기를 원한다. 그래서 도움을 주기 위해 교육 저축 채권 프로그램Education Savings Bond Program을 만들었다. 이 프로그램은 오래된 저축 채권 프로그램과 비슷하다. 이 채권의 특이한 점은 이름만이 아니다. 적용되는 세제도 다르다.

교육 저축 채권(1989년 이후에 발행된 시리즈 EE 또는 시리즈 I)을 매입하면 이자 수익에 대한 연방 소득세가 적어도 부분적으로 (대개 완전히) 면제된다. 사실상 수익을 늘려주는 이 세제 혜택을 누리려면 몇 가지 요건을 지켜야 한다.

- 채권을 상환받는 해에 모든 수익(원금 및 이자)으로 공인 교육 비용을 지불해야 한다.
- 채권 매입 시 최소 24세여야 한다.
- 본인의 학자금을 충당할 계획이라면 본인 명의로 등록해야 한다.
- 자녀의 학자금을 충당할 계획이라면 본인 또는 배우자의 명의로 등록해야 한다.
- 기혼자의 경우 부부 합산으로 세금을 신고해야 세금 감면 혜택을 받는다.
- 자녀는 채권의 공동 보유자가 아니라 수혜자로만 기재할 수 있다.

또한 비과세 혜택에는 소득 한도가 적용된다. 돈을 많이 버는 사람은 이자에 대한 세금을 면제받지 못한다. 소득은 채권을 매입하는 해가 아니라 상환받는 해를 기준으로 평가된다. 2014년에는 1인 기준 8만

4,950달러, 합산 기준 13만 4,900달러 이상을 벌면 비과세 혜택이 사라진다. 소득이 1인 기준 6만 9,950달러, 합산 기준 10만 4,900달러 이하여야만 전체 혜택을 받을 수 있다. 소득 기준은 해마다 조정된다. 그래서 학자금을 지불하는 해에는 크게 달라질 가능성이 크다.

학자금용 예금증서

당신은 일반 은행 예금증서certificates of deposit, CD는 이미 알고 있을 것이다. 하지만 오직 학자금용 특수 CD가 있다는 사실은 모를 것이다. 거의 30년 전에 칼리지 세이빙스 은행College Savings Bank은 칼리지슈어CollegeSure CD라는 전용 계좌를 선보였다. 어떤 측면에서 이 CD는 일반 CD와 비슷하다. 가령 특정한 기간 동안 목돈을 넣어두며, 조기에 인출하면 벌금을 내야 한다. 그러나 일반 은행 CD에서는 찾을 수 없는 특별한 요소가 있다. 바로 학자금 마련을 돕는 이율이다.

칼리지슈어 CD의 이자는 (칼리지 보드College Board가 만드는) 인디펜던트 칼리지 500Independent College 500 지수에 기반한다. 이 지수는 이름이 말해주는 대로 500개 사립대학의 평균 학비를 추종한다. 칼리지슈어 CD의 이율은 평균 학비 상승률에 맞춰서 조정된다. 실제로 평균 학비 상승률보다 낮지 않은 상승률이 보장되며, 그보다 높을 수도 있다.

칼리지슈어 CD가 학자금용 저축 수단으로 기능하는 양상은 다음과 같다. 당신은 현재 자녀를 대학에 보내는 데 필요한 목돈을 예금한다. 각 '유닛unit(CD는 유닛 단위를 쓴다)'은 1년 동안의 전체 학비에 해당한다. 물론 한 번에 전액을 예금할 필요는 없다. 즉, 유닛의 일부만 매입할 수 있다. 유닛을 개설하기 위한 최소 예금액은 500달러이며, 250달러 (월 자동 예금 방식을 사용할 경우 100달러) 또는 그 이상의 단위로 추가할 수 있다. 그러면 지수 기반 이율 덕분에 대학 학자금이 늘어나는 만큼 예금액이 불어나게 된다.

칼리지슈어의 보장

다른 유형의 학자금용 투자상품과 달리 칼리지슈어 CD는 두 가지 보장을 제공한다. 첫째, 연방예금보험공사의 보호를 받는다. 그래서 돈을 잃을 위험이 없다. 둘째, 수익이 보장되기 때문에 이자가 줄거나 사라질 걱정을 하지 않아도 된다.

은퇴 계획

당신의 만년晩年

은퇴를 생각하기에는 너무 젊다고 생각하는가? 다시 생각하라. 사람들은 더 오래 살고 있다. 당신도 상당히 긴 만년을 즐기게 될 가능성이 크다. 지금 미래의 목표에 대한 계획을 세워서 만년을 최대한 누려라. 수많은 투자 선택지가 그 목표를 달성하도록 도울 것이다. 가령 401(k)처럼 회사가 제공하는 투자상품에 투자할 수도 있고, IRA 같은 투자상품에 개인적으로 투자할 수도 있다. 은퇴기의 유일한 소득원으로 복지급여에 의존할 계획을 세우지 마라.

과세 유예 투자

과세 투자상품은 연이자나 배당 또는 시세차익에 세금을 부과한다.
가령 저축 계좌의 경우 이자에 세금이 붙는다. 반면 과세 유예 투자상
품은 적어도 특정 연령에 도달하거나 다른 기준을 충족하기 전까지는
현재 소득에 대한 세금을 피할 수 있는 수단을 제공한다.

비과세 투자상품

비과세(또는 면세) 투자상품은 투자에 따른 현재 소득에 과세하지 않는다. 대
부분의 지방채가 여기에 해당한다. 비과세 투자상품이라고 해서 반드시 모
든 세금이 면제되는 것은 아니라는 사실을 명심하라. 투자상품에 따라 연방
소득세나 주 및 시 세금 같은 특정 세금만 면제될 수 있다.

특별 과세 유예 계좌가 아닌 다른 계좌에 투자하면 정기 소득(이자와
배당)과 자본 소득에 대해 모두 세금을 납부해야 한다. 주식부터 채권,
펀드까지 사실상 모든 유형의 투자상품은 일정한 수준의 세금이 부과
된다. 심지어 부동산, 기업의 지분, 수집품 등 기본적으로 즉시(미래의
일정한 시점까지 기다릴 필요 없이) 수익(또는 손실)이 나는 모든 투자상품
은 과세에 영향을 미친다.

과세 유예 투자상품을 보유하고 있는데, 돈을 인출하지 않으면 세금을 내지 않는다. 또한 대부분의 경우 과세 유예 계좌에 넣는 돈은 (전부가 아니라면) 적어도 부분적으로 지금 공제 혜택을 받는다. 물론 로스 IRA 납입액 또는 소득 수준에 따라 공제 혜택을 받지 못하는 다른 투자상품에 대한 납입액처럼 일부 예외가 있다. 이 계좌들은 원래 학자금이나 은퇴 같은 중대하고 구체적인 재정적 목표를 위해 활용된다. 그래서 돈을 너무 빨리 인출하거나, 그 돈을 다른 목적에 사용하면 상당한 벌금을 내야 한다.

과세 유예 투자상품의 큰 이점은 세전 자금을 은퇴 계좌에 넣을 수 있다는 것이다. 가령 401(k)의 경우 은퇴자금용 과세 유예 투자상품에 대한 납입액을 과세 소득에서 공제할 수 있다. 그래서 정부에 세금으로 낼 돈을 미래를 위해 투자할 수 있다. 당신이 한계세율 27% 구간에 해당하는 소득을 올리고, 은퇴자금용 과세 유예 투자상품에 연 1,000달러를 납입한다고 가정하자. 이 경우 연방 소득세는 270달러 또는 납입액의 27%만큼 줄어든다. 당신에게 적용되는 한계세율(당신의 최고 소득액에 적용되는 세율)이 절세액을 좌우한다. 구체적인 세율을 알고 싶다면 미국 국세청 홈페이지www.irs.gov를 방문하라.

일찍, 자주 투자하라

투자를 일찍 시작할수록 은퇴자금을 더 많이 모을 수 있다. 돈이 불어날 시간이 늘어나기 때문이다. 또한 시장의 하락을 만회할 시간도 더 많이 생긴다. 즉, 시장이 급락했을 때 은퇴자금으로 저축한 돈이 반등할 시간을 더 많이 확보할 수 있다.

25살인 매디슨Madison과 쿠퍼Cooper의 사례를 살펴보자.

1. 매디슨은 10년 동안 해마다 2,000달러를 회사의 401(k) 플랜에 넣는다. 그러다가 35살에 납입을 중단하고 한 푼도 더 넣지 않는다. 기존 납입분에 대한 기대 성장률은 연평균 10%다. 매디슨은 일찍 시작하여 은퇴하기 전까지 돈이 불어날 시간을 주었다. 덕분에 65살 때 55만 6,1975달러를 출금할 수 있다.

2. 쿠퍼는 34살 때부터 해마다 2,000달러씩 30년 동안 401(k)에 납입한다. 최종적으로 그는 매디슨보다 3배나 많은 금액을 넣는다. 하지만 (그동안 같은 수익률을 기록한) 그의 은퇴자금은 32만 8,988달러에 불과하다. 이는 매디슨보다 훨씬(22만 5,000달러나) 적은 금액이다.

매디슨과 쿠퍼는 모두 복리의 힘이 안기는 혜택을 누렸다. 다만 매디슨은 더 일찍 그 힘을 활용하여 훨씬 높은 소득을 올렸다. 이 이야기의 교훈은 은퇴 후에 은퇴자금이 수만 달러, 심지어 수십만 달러가 적어도 상관없다면 늦장을 부려도 된다는 것이다. 납입액에 미치는 복리효과를 파악하는 가장 쉬운 방법은 온라인 은퇴자금 계산기www.bankrate.com/calculators.aspx를 활용하는 것이다.

401(k) 플랜

401(k) 플랜은 거의 20년 동안 가장 중요한 은퇴자금 저축 수단 중하나였다. 401(k)는 회사가 설정하며, 직원들이 은퇴자금을 모으는(불리는) 일을 돕도록 설계된다. 직원들이 401(k)에 넣는 돈은 한데 모여서 주식이나 채권, 펀드 또는 다른 투자상품에 투자된다. 직원들은 회사가 제시하는 선택지 중에서 어디에 투자할지 선택한다. 대개 401(k) 납입액은 세금을 떼기 전에 급여에서 차감되어 바로 계좌로 들어간다.

회사에서 401(k) 플랜을 제공한다면 그 기회를 잡지 않을 이유가 없다. 은퇴자금으로 401(k)에 돈을 넣으면 불어나는 동안 세금을 내지 않아도 된다. 또한 회사도 대개는 직원 납입액의 10%나 25%, 심지어 많게는 50%를 납입해준다.

> **401(k) 납입**
>
> 401(k) 플랜은 기업이 다양한 조건으로 설정할 수 있다. 그중에는 즉시 적용
> 되는 것도 있고, 일정한 기간 동안 근무한 후에 적용되는 것도 있다. 2015년
> 기준으로 1년에 최대 1만 8,000달러를 401(k)에 납입할 수 있다.

　401(k)에 투자하는 것과 마음대로 사고팔 수 있는 펀드에 투자하는
것은 크게 다르다. 401(k)의 경우 계좌에 계속 돈을 넣어두는 한 수익
에 세금이 부과되지 않는다. 대신 돈을 빼내는 순간 세금을 내야 한다.
또한 정해진 시점(대개 59.5세가 되는 시점) 이전에 돈을 인출하면 벌금
을 내야 할 수도 있다. 반면 펀드에 투자하면 돈을 인출하든, 아니면 계
속 굴리든 간에 해마다 배당과 펀드의 자본 소득에 대해 세금을 내야
한다.

　회사에서 납입액의 가령 10%를 401(k)에 납입한다면 이미 10%의
투자수익률을 올린 셈이다. 거기에 장기적으로 총납입액에 대한 소득
이 누적된다. 이는 스스로 마련할 필요가 없는 은퇴 준비에 대한 간단
한 해결책이다. 다만 당신이 가입한 401(k)가 어디에 돈을 투자하는지
확인해야 한다. 그냥 선택만 하고 방치하는 사람들이 너무 많다.

　비영리단체에서 일하는 경우 403(b) 플랜을 선택할 수 있다. 이 플
랜은 401(k)과 비슷하게 운영된다. 대신 대체로 투자 선택지가 적기는

하지만 동일하게 과세 유예 혜택을 받는다. 공무원에게는 457 플랜이 제공된다. 이 플랜은 401(k)이나 403(b)과 원칙적으로 비슷하지만 약간의 추가 제약이 있다.

401(k) 투자 전략

은퇴자금용 투자 플랜은 장기적으로 운용된다. 그래서 주식시장이 며칠이나 몇 주 또는 몇 달 동안 하락한다고 해서 너무 많이 걱정할 필요가 없다. 사실 주가가 하락하는 것이 유리할 수도 있다. 당신은 급여 차감을 통해 계속 돈을 넣기 때문이다. 분할 적립 투자라는 이 개념은 주식이나 펀드의 가격이 떨어졌을 때 더 많이 살 수 있도록 해준다. 물론 나중에 가격이 상승하면 저렴하게 매수한 물량의 가치가 올라간다.

401(k) 플랜은 은퇴자금을 마련하기 위한 장기 투자 수단이다. 따라서 장기적 목표를 수립하고 고수하는 것이 중요하다. 긴 기간에 초점을 맞춰라. 은퇴 시기가 다가오는 동안 은퇴할 때 얼마나 많은 돈이 모일지, 소득은 얼마나 될지 분명하게 파악하라. 복지 급여 외에 연금과 다른 저축도 있을 수 있다.

전반적으로 401(k) 플랜은 무리가 가지 않는 수준에서 은퇴자금을 모으는 뛰어난 수단이다. 한 금융 애널리스트가 말한 대로 "내가 무슨 말이나 제안을 하든, 결론은 그 사람이 밤에 편하게 잘 수 있어야 한다는 것이다." 모든 것은 위험 감수도로 귀결된다. 은퇴자금용 투자 플랜에 넣은 돈을 잊어버리지 말고 적극적으로 확인하라. 또한 401(k) 계좌로 어느 정도의 위험을 감수할지 결정하라.

이직 시 401(k) 유지

이직을 언제, 왜, 얼마나 자주 하든 간에 401(k) 계좌는 과세 유예 대상으로 남는다. 새 직장이 401(k) 플랜을 제공하면 기존 납입액을 새 계좌로 바로 옮길 수 있다.

이때 401(k)에 들어 있던 돈을 가질 수 없다. 그래서 (적어도 당분간은) 세금을 피할 수 있다. 기존 납입액은 전 직장에서 새 직장으로, 업계 용어로는 직접 수탁인 사이에서 이전된다.

법적으로 기업은 401(k) 이전을 허용해야 한다. 당신이 직접 인출하는 경우 회사는 20%를 차감한다. 이는 당신이 다른 401(k) 계좌에 돈을 넣지 않을 경우에 대비한 원천징수(일종의 예납세)다. 60일 안에 자금을 옮기지 않으면 세금과 벌금을 맞는다. 또한 조기(및 과세 가능한) 분배로 간주하지 않도록 회사가 원천징수한 20%까지 채워서 이월금을 전액 넣어야 한다. 새 직장을 구하지 않거나, 새 직장이 401(k) 플랜을 제공하지 않는 경우 IRA로 이월하면 된다.

401(k) 계좌 인출

59.5세가 되면 정식으로 은퇴하든 아니든 간에 401(k)에서 돈(분배금이라고 함)을 인출할 자격이 생긴다. 또한 70.5세가 되면 최소한 최소의무 분배금minimum required distribution을 인출해야 한다.

때로 집을 사거나, 집이 차압당하지 않도록 막거나, 12개월 후에 대학 등록금을 내야 하거나, 환급되지 않는 의료비를 내야 하는 등 금전적 어려움 때문에 은퇴자금을 조기에 써야 하는 경우가 있다. 이런 인출은 분배금에 대한 세금 전액에 더하여 추가로 10%의 벌금을 초래한다. 실로 극단적인 상황에서는 벌금을 면할 수 있지만 세금은 항상 내야 한다. 정말로 돈이 필요할 때 더 나은 선택지는 무엇일까? 401(k) 계좌에서 대출을 받는 것이다. 많은 401(k) 플랜은 대출을 허용하며, 세금이나 벌금이 부과되지 않는다. 유일한 단서는 401(k) 플랜을 관리하는 회사를 떠날 경우 대출금을 전액 갚아야 한다는 것이다.

개인퇴직계좌IRA

지난 10년 동안 가장 인기 있는 은퇴자금 저축 플랜은 분명히 개인 퇴직계좌 또는 IRA였다. IRA는 현재 전통적 IRA와 로스 IRA라는 두 가지 형태를 지니며, 은퇴기를 위해 세제 혜택과 함께 돈을 불릴 수 있는 안전한 수단을 제공한다. 게다가 지금은 더욱 안전해졌다. 2005년 4월에 미 대법원은 개인 파산을 신청하는 경우에도 IRA 납입금을 전액 보장해야 한다고 만장일치로 판결했다.

전통적 IRA

전통적 IRA에는 연간 5,500달러까지 납입할 수 있다(2015년 기준). 부부는 각자 별개 계좌에 4,000달러까지 납입할 수 있다. 부양금을 받는 경우에도 납입 자격이 된다. 납입금 전체 또는 일부를 공제할 수 있지만, 이는 조정 총 과세소득이나 다른 은퇴자금 납입액(가령 회사에서 공인 은퇴 플랜에 가입한 경우) 같은 다른 요소에 좌우된다. 과세표를 잘 보고 전통적 IRA가 제공하는 비과세 혜택을 파악해야 한다. www.bankrate.com/calculators.aspx에 가면 쉽게 쓸 수 있는 온라인 계산기가 있다.

59.5세가 지나면 인출이 가능하며, 70.5세가 되면 정부가 해마다 인출해야 하는 최소 금액을 설정한다. 인출 시 투자 소득에 대한 소득

세가 부과된다. 그러나 오랜 기간 소득에 대해 유예받은 세금이 여전히 더 많다. 또한 60대에 반은퇴한 후 40대 때보다 낮은 소득을 버는 경우가 많다. 이 경우 더 낮은 과세구간이 적용된다. 일부 전문가는 금전적 측면에서 납세를 20년 더 유예하는 것이 합리적이라고 생각한다.

은행이나 증권사 또는 펀드사에서 IRA 계좌를 열 수 있다. 전통적으로 은행은 CD 같은 안전한 투자 대상을 고수하면서 증권사보다 적은 선택지를 제공한다. 증권사는 보다 민첩한 투자를 하고 싶은 경우 폭넓은 선택지를 제공한다. 또는 안전하게 MMF를 선택할 수도 있다. 펀드는 본질적으로 CD나 MMF보다 위험할 수밖에 없다. IRA의 오랜 투자 기간은 일부 투자자들에게 주식이나 주식 펀드를 보다 매력적인 투자 수단으로 만든다. 다른 투자 수단과 마찬가지로 위험과 관련하여 편안한 수준에 맞춰서 IRA 계좌를 통해 투자상품을 바꿀 수 있다.

IRA 계좌에 돈을 넣고 나서 아무것도 하지 않는 사람들이 너무 많다. 어차피 59.5세까지 돈을 뺄 수 없기 때문에 일단 넣고 나면 아무것도 할 수 없다고 생각하는 경우가 많다. 그렇지 않다. IRA 계좌에 넣은 돈을 적극적으로 굴린다고 해서 잘못된 것은 없다. 사실 마땅히 그래야 한다.

로스 IRA

이 비교적 새로운 IRA 역시 연간 납입액이 5,500달러로 제한된다.

또한 로스 IRA 납입액은 공제 대상이 아니다. 즉, 모든 납입액에 대해 세금이 부과된다. 반면 계좌에서 돈을 인출할 때는 더 이상 세금을 내지 않는다.

실제로 로스 IRA에서 돈을 인출할 때 적용되는 규정은 아주 적다. 우선 최소한 59.5세가 될 때까지 계좌에 돈을 넣어두어야 한다. 다만 5년 후 처음으로 주택을 구입하거나, 장애가 생기거나, 원 보유자가 사망한 경우 1만 달러까지 벌금 없이 인출할 수 있다.

로스는 누구인가?

로스 IRA는 창안자인 고 윌리엄 로스William Roth 상원의원의 이름을 딴 것이다. 델라웨어주 상원의원이던 로스는 투자자들이 은퇴자금 저축에 대한 세금을 미리 내고 인출할 때는 추가 세금을 내지 않도록 하는 법안을 발의했다. 이 법안은 1997년의 납세자 구제법에 포함되었으며, 납세자 구제법은 1998년 1월 1일에 발효되었다.

전통적 IRA의 경우 나중에 때가 되면 정부가 최소 인출금을 설정한다. 반면 로스 IRA에는 최소 분배금 요건이 적용되지 않아서 돈을 계속 넣어둘 수 있다. 원한다면 상당한 비과세 혜택을 상속자에게 넘겨줄 수 있다.

소득에 따라 로스 IRA 납입 자격이 결정된다. 소득 기준은 언제든 바뀔 수 있기 때문에 자격이 되는지 문의해야 한다. 2015년의 경우 조정 총 과세소득이 1인 기준으로 11만 6,000달러에서 13만 1,000달러, 합산 기준으로 18만 3,000달러에서 19만 3,000달러가 될 때까지 단계적으로 납입액이 줄어든다.

전통적 IRA에서 로스 IRA로 돈을 옮기는 것이 가능하다. 투자 및 이월 여부에 대한 판단은 재정적 상황에 따라 달라진다. 납입액에 대해 공제받지 못하지만, 여전히 돈을 모으고 싶다면 로스를 선택하라(자격이 된다면 말이다). 또한 은퇴 시 세율이 더 높을 것 같거나, 은퇴 전에 돈이 필요할지도 모르겠다면 로스 IRA가 더 나은 선택지다. 많은 전문가는 미래에 대비하는 측면에서는 형편이 된다면 지금 세금을 내는 것이 나중에 훨씬 큰 금액에 대해 세금을 내는 것보다 월등히 낫다는 데 동의한다. 지금 내는 세금은 금액을 알 수 있다. 이월 금액에 한계세율을 곱하면 된다. 반면 미래에 세금을 얼마나 내야 할지는 알 수 없다. 세율과 소득을 모르기 때문이다. 하지만 세율이 더 높을 것임은 거의 확실하다.

기존 IRA를 옮기기로 결정했다면 계좌를 개설한 회사에 연락해서 말하기만 하면 된다. 그러면 세금 관련 내용을 알려주고 필요한 모든 서류를 보내줄 것이다. 회계사는 원천징수세율을 조정하거나 예납세를 납부하는 것 같은 정확한 세금 정보를 제공할 것이다.

> **의료비 저축 계좌**
>
> 의료비 저축 계좌Health Savings Account. HSA는 의료비를 비과세로 모을 수 있도록 해준다. 다만 이 계좌를 열려면 자기부담금이 높은 특별한 형태의 의료 보험에 가입해야 한다. 이는 기본적으로 최소 자기부담금이 아주 높게 설정된 비상 의료보험이다. 자기부담금이 높을수록 더 많이 저축할 수 있다. HSA에 넣는 돈과 그에 따른 모든 복리 소득은 죽을 때까지 당신의 것이다.

어느 쪽이 더 나을까?

전통적 IRA와 로스 IRA에 모두 가입할 자격이 있다고 가정할 때 가장 결정적인 요소는 지금 납입액에 대해 공제받고 나중에 돈을 인출할 때 세금을 내는 것이 이득인지, 아니면 지금 납입액에 대해 세금을 내고 다시는 세금 걱정을 하지 않는 것이 이득인지 여부다.

개인적 재정 상황을 살펴서 어떤 IRA가 적당한지 판단해야 한다. 여러 사이트가 이 문제에 대한 답을 찾는 데 필요한 계산기와 화려한 10페이지짜리 설명을 갖추고 있다. 크게 복잡하지는 않다. 좋은 회계사는 여러 계산 수단을 내려받고 평가하는 데 걸리는 시간보다 짧은 시간에 이 모든 것을 판단하는 데 도움을 줄 것이다.

처음 시작하는 이들을 위한 최소한의 주식투자 이해하기

> **투자 블랙홀**
>
> 1980년대 말에 갑작스러운 주가 폭락으로 투자 자본이 사실상 완전히 사라진 것을 가리키는 '투자 블랙홀investment black hole'이라는 개념이 생겼다. 이후 이 현상이 여러 번 시장을 뒤흔들면서 투자자들에게 순식간에 거대한 손실을 입혔다. 2008년의 주식시장에서도 비슷한 격변이 일어나 수백만 명의 투자자를 엄청난 공황으로 몰아넣었다.

결론은 아무리 많은 계산을 해도 세금, 물가상승률, 생활비, 건강, 직업 안전성 측면에서 향후 30년 동안 어떤 변화가 생길지 확실히 알 수 없다는 것이다. 은퇴자금을 모아두는 것은 당신에게 이득이 되는 일이다. 전통적 IRA와 로스 IRA 중에서 하나를 선택하는 결정이 힘들 필요는 없다. 어느 쪽이든 은퇴자금을 모아두게 된다. 둘 다 가입할 자격이 된다면 간단하게 지금 세액 공제를 받는 것과 받지 않고 나중에 혜택을 누리는 것 중에서 어느 쪽이 더 이득인지 판단하면 된다. 회계사와 기본적이고 대략적인 수치를 파악하고, 삶의 다른 요소를 고려하고, 원하는 미래를 전반적으로 평가한 다음 하나를 골라라. 미래는 확실하지 않으므로 최선의 추정을 토대로 삼아라.

초점을 유지하라

401(k) 플랜과 IRA에 모두 투자할 수 없다는 규칙은 없다. 가장 중요한 점은 비과세 혜택을 받으면서 투자할 수 있는 모든 기회를 활용하는 것이다. 최대한 일찍 시작하고, 형편이 좋든 나쁘든 계속 돈을 채워넣어라.

미래에 사회복지가 어떻게 될지는 매우 불확실하다. 젊은 노동자가 줄어드는 만큼 복지급여에 의존하는 은퇴자를 부양할 사람이 줄어든다. 관련 수치를 비교해보자. 1950년에는 16명의 노동자가 1명의 은퇴자를 부양했다. 반면 2000년에는 3명의 노동자가 1명의 노동자를 부양했다. 이 수치는 계속 줄어든다. 비과세 투자에 초점을 맞추면 안전하고, 안정적이며, 유지 가능한 재정적 미래를 향한 중요한 진전을 이루게 된다.

CHAPTER 8

사회적 책임 투자

'사회적 책임'이라는 수식어가 붙는 펀드의 정체성은 주로 그에 대한 펀드매니저의 정의에 좌우된다. 일부 펀드는 동물 테스트를 하는 기업을 멀리한다. 많은 펀드는 무기나 총기, 담배와 관련된 기업에 투자하지 않는다. 일부 펀드는 아동 노동 문제에 신경 쓴다. 앞서 말한 모든 기준이나 다른 기준을 적용하는 펀드도 있다. 당신이 생각하는 사회적 책임과 투자 기준이 일치하는 동시에 수익을 올리는 펀드를 찾아라. 그런 펀드는 존재한다. 다만 마케팅과 운용 실적 너머를 살필 시간을 들여야 한다.

드레이퍼스 서드 센추리 펀드Dreyfus Third Century Fund와 팍스 월드Pax World 는 이 부문에서 가장 성공적이고, 잘 알려진 펀드다. 그들은 환경 및 자원 보호, 직업 건강 및 안전, 삶을 뒷받침하는 제품 및 서비스 그리고 술, 무기, 담배를 판매하지 않는 기업을 찾는다.

녹색 투자
미래를 위한 환경 보호

모두가 환경 보호를 위한 대열에 합류하고 있으며, 그 대열을 미국 기업들이 선도하고 있다. 환경 오염이 심한 기업들(최악의 환경 오염 기록과 관행을 지닌 기업들)도 자신을 녹색으로 칠할 방법을 찾고 있다. 결국 거기에 돈이 있다. 녹색 투자가 그 어느 때보다 많은 녹색 돈(달러)을 모으고 있다.

진정한 녹색 투자는 실제로 환경에 도움을 주는 기업에 돈을 넣는 것이다. 이 문제에서는 환경에 부정적인 일을 하지 않는 것만 중요한 게 아니다. 물론 환경을 오염시키지 않고, 독성 폐기물을 버리지 않고, 자원을 탐식하지 않는 것도 중요하다. 그러나 진정한 녹색 기업은 환경을 이전보다 낫게 만들기 위해 적극적으로 노력한다.

> **두뇌를 써라**
>
> 투자는 지성을 활용하는 데서 큰 혜택을 누릴 수 있는 분야다. 투자자들은 종
> 종 육감을 언급한다. 육감은 대개 그들이 알고 있지만 의식적으로 또는 무의
> 식적으로 드러내고 싶어 하지 않는 것을 토대로 삼는다. 감정이 유일한 투자
> 의 지침이 되어서는 안 된다. 그래도 내면에서 들려오는 메시지는 언제나 귀
> 를 기울일 가치가 있다.

단지 부정적 영향을 끼치는 기업의 환경적, 사회적 관행을 제한하는
것만으로는 부족하다. 사회적 투자자들은 성과를 개선하기 위해 의식
적으로 노력하는 기업을 찾아내고, 해당 기업으로 자금을 옮긴다. 주류
투자자들은 세상과 포트폴리오에 도움이 되는 일을 하고 싶어 한다. 기
업의 리더들은 사회적 책임을 따르는 관행을 장기적 이익과 조율하는
방법을 배우고 있다. 사회적, 환경적 책임을 좋은 주식가치와 연계하는
기업들이 갈수록 많은 장기 투자를 끌어들이고 있다. 이런 주식을 추종
하는 지수와 적극적 운용 펀드(여러 ETF 포함)도 있다. 또한 지자체와
녹색 기업은 모두 환경적으로 타당한 프로젝트에 필요한 자금을 조달
하기 위해 채권을 발행한다.

> **큰 그림을 보라**
>
> 사회적 책임 펀드는 좋은 의도를 지녔으며, 이익을 내고 있다. 하지만 이 펀
> 드들이 얼마나 전반적인 기준을 따르고 있는지는 합심하여 노력해도 판단하
> 기 어렵다. 가령 어떤 기업은 명확하게 무기를 제조하지는 않지만 의도치 않
> 게 환경을 오염시킬 수 있다.

돈은 모든 투자의 핵심이다. 그러나 녹색 투자자들은 그 과정에서 개인적 가치를 뒷받침하는 일의 중요성을 강조한다. 녹색 투자에 대해 조사해보면 당신의 가치를 뒷받침하면서도 수익을 안기는 풍부한 선택지를 찾을 수 있다. 거기에는 펀드, 개별 종목, 지역사회 개발 사업 등이 포함된다. 이런 조사는 투자자로서만이 아니라 소비자로서 결정을 내리는 데도 도움을 준다.

녹색 주식

녹색 주식은 당신이 해결책의 일부가 되도록 한다. 당신은 지구를 더 살기 좋은 곳으로 만들기 위해 노력하는 기업의 지분을 보유할 뿐 아니라, 더 건강한 세상에 기여하고 거기서 수익까지 얻을 수 있다. 지

구 온난화가 문제의 전부는 아니다. 천연자원을 보존 및 보호하고, 물을 깨끗하게 유지하고, 열대우림이 완전히 밀려 나가지 않도록 지키고, 수백만 종의 동식물이 죽지 않도록 하는 것도 중요하다. 기업들은 더 안전하고 깨끗한 기술을 개발하거나, 환경을 파괴하는 제품에 대한 대안을 제공하는 긍정적인 방식으로 변화를 이루는 데 도움을 줄 수 있다. 그들은 또한 독성 폐기물 투기와 배출을 줄이거나, 재활용 소재 또는 재활용 가능한 소재로 제품을 만드는 등 덜 부정적인 방식을 활용하여 환경에 영향을 미칠 수 있다.

> **인터넷을 활용하라**
>
> 자료 조사를 할 때 인터넷은 녹색 투자를 위한 훌륭한 정보원이 된다. 가령 EPA 홈페이지www.epa.gov를 보면 투자를 고려하는 기업이 조사 대상인지 또는 이미 오점이 찍혔는지 알 수 있다.

이런 퓨어 플레이pure-play(환경에 초점을 맞춘) 기업들 중 다수는 주요 거래소에서 거래된다. 일부 첨단 기업은 스타트업으로 간주하지만 상당한 자금과 풍부한 유통 주식이 있어야 상장될 수 있다.

녹색 투자를 하려면 투자하려는 모든 종목에 대해 기본적인 정보를 수집하는 동시에 더 많은 조사를 해야 한다. 지구를 구할 새로운 기술을 개발 중이라고 주장하는 기업들의 경우에는 특히 더 그렇다. 소위 녹색 기업에 돈을 넣기 전에 다음과 같은 문제들을 확인하라.

1. 해당 기업이 실제 제품을 갖고 있는가 아니면 모든 것이 구상 단계에 있는가?
2. 개발 및 테스트를 위한 타당한 기간이 설정되어 있는가?
3. 해당 기업이 공략하려는 분명한 틈새시장이 있는가?
4. 해당 기업이 자사 제품을 어떻게 발전시킬지 이야기하는가?
5. 해당 기업이 구체적인 이야기(목표 시장, 현실적 적용)를 하는가, 아니면 일반적인 이야기를 하는가?
6. 해당 기업의 아이디어와 기술은 업계의 다른 기업과 견줄 만한가?

당신이 찾아본 자료에서 이 질문들 중 다수에 대한 답이 나오지 않는다면 다른 곳에 돈을 넣는 것을 고려하라.

녹색 채권

채권은 간단히 말해서 은행에서 대출을 받지 않고 돈을 빌리는 수단이다. 대출자는 단일 기관에서 대출받지 않고 일반 대중에게 자금을 요청한다. 대출자는 지자체(시나 군)일 수도 있고, 기업일 수도 있다. 빌린 돈을 환경을 유지하기 위한 사업에 쓰면 해당 채권은 녹색 채권이 된다.

지역사회 투자

지역사회 투자는 지역사회를 위한 사업에 참여하고 돈을 불리는 좋은 방법이 될 수 있다. 지역사회 투자는 지역사회에 돈을 빌려주는 것을 말하며, 대개 지역 은행이나 신용조합, 대부기금, 중소기업 대부기관이라는 네 가지 주된 형태를 통해 이루어진다.

회사채와 관련하여 대처해야 할 두 가지 문제가 있다. 바로 (모든 채권의 경우가 그렇듯이) 디폴트 위험과 당신의 녹색 투자 기준이다. 해당 기업이 당신의 녹색 시험(앞서 녹색 주식을 선택하기 위해 나열한 요건을 같이 적용할 수 있다)을 통과한다고 해도 여전히 재정적 측면에서 타당한지 확인해야 한다.

공식적인 녹색 채권(실제로는 공인 녹색 건축 및 지속 가능한 설계 프로젝트 채권으로 불림)은 비과세 증권으로서 기업이나 지자체가 연방정부의 승인을 받은 프로젝트에 대해 발행한다. 녹색 채권으로 간주하기 위해서는 재개발 단지를 개발하는 사업에 기금을 활용해야 한다. 재개발 단지는 저개발, 저활용했거나 버려진 건물이 있는 대지를 말한다. 재개발 사업을 통해 종종 오염된 땅이 복구되어 더 건강해진다.

녹색 펀드

녹색 펀드는 전통적 펀드와 ETF를 모두 포함한다. 두 유형의 펀드가 모두 빠르게 성장하는 해당 부문을 포괄하지만 ETF가 진지한 녹색 투자자들을 상대로 약간의 우위를 지닐 수 있다. ETF의 경우 언제나 어떤 주식을 보유하고 있는지 정확하게 알 수 있다. 반면 펀드의 보유 자산은 가끔 공개된다. 그래서 당신은 녹색 기업으로 간주하지 않는 기업의 주식을 추가하는 (또는 매도하지 못하는) 경우가 있다. 녹색 펀드는 친환경 펀드, 대안 에너지 펀드, 지속 가능한 자원 펀드라는 세 가지 기본적인 형태로 제공된다.

친환경 펀드

친환경 기업에 초점을 맞추는 펀드는 보다 초점화한 녹색 펀드보다 투자 선택지의 폭이 넓다. 그래서 환경을 개선하려고 노력하거나, 친환경 제품을 생산하거나, 환경에 미치는 악영향을 최소화하기 위한 조치를 취하는 기업의 주식을 포함할 수 있다.

캘버트 라지캡 펀드Calvert Large Cap fund가 그중 하나다. 이 펀드는 덜 위험한 대형주이면서 여전히 친환경으로 분류되는 종목에 투자한다. 또한 환경에 신경 쓴다는 평판을 얻는 동시에 준수한 이익을 올리는 기업을 적극적으로 찾는다.

친환경 펀드를 살필 때 심사에 추가적인 노력을 기울여야 한다. 기업들은 투자자들에게 잘 보이려고 친환경 흉내를 낼 수 있다. 또한 일부 펀드사는 보유 종목을 제대로 걸러내기보다 큰 수익을 내는 데 더 관심이 있을 수 있다. 최근 보유 종목 목록을 읽고 펀드가 제시하는 철학에 부합하는지 스스로 판단하라.

대안 에너지 펀드

대안 에너지 펀드는 대안 에너지원을 적극적으로 연구하거나 생산하는 기업의 주식을 보유한다. 가령 태양광 발전이나 풍력 발전, 바이오 연료, 수력 발전 그리고 지속 가능성과 재생성을 갖춘 다른 에너지원에 대한 기술을 가진 기업을 찾는다. 현재 이런 대안 에너지원은 전 세계 에너지의 약 20%를 공급한다. 하지만 가장 인기 있는 에너지원 (석유, 석탄, 천연가스)은 재생성도, 지속 가능성도 없다. 따라서 미래에는 중심이 옮겨져야 한다. 또한 유가가 갈수록 높아지는 만큼 대안 에너지 펀드의 가치도 올라갈 것이다.

기업의 배경을 확인하라

친환경 펀드는 녹색 투자 기준에 맞추기 위해 최소한의 변화를 이루었지만 여전히 현실적으로는 친환경적이지 않은 기업의 주식을 보유하고 있을 수 있다. 가령 엑손은 보다 안전하게 원유를 수송하려고 노력하고 있다. 그러나 1989년에 발생한 악명 높은 '엑손 발데즈Exxon Valdez' 호 원유 유출 사건에 따른 배상액을 내지 않으려고 20년 가까이 법정 투쟁을 벌이는 중이다.

037 SUSTAINABLE RESOURCE FUNDS

지속 가능한 자원 펀드
세상을 보존하기 위한 투자

지속 가능한 자원 펀드는 이익을 극대화하는 한편, 천연자원을 지키기 위해 노력하는 기업에 투자한다. 물 보급부터 처리, 소비까지 모든 것을 포함하는 지속 가능한 물과 지속 가능한 기후가 그런 노력의 대상이다. 후자의 경우 전 세계적인 기후변화를 지연시키거나 약화하려고 노력하는 기업들이 투자 대상이 된다.

실제로 물 산업을 추종하는 소수의 지수가 있다. 사실 물 산업은 거대한 규모를 지닌다. 결국 물은 지구 표면의 약 70%를 차지하지만 마실 수 있는 물은 그중 1%에 불과하다. 세계 인구가 늘어남에 따라 물은 갈수록 귀해지고 있다. 귀한 자원은 큰 이익을 창출하는 경향이 있다. 다우존스 미국 물산업 지수Dow Jones U.S. Water Index(25개 이하 종목으로 구성)나 S&P 1500 물 유틸리티 지수(단 2개 종목으로 구성)를 추종하는 인덱스 펀드를 통해 지속 가능한 물에 투자할 수 있다.

이중 결산 Double Bottom Line

투자에 있어서 사회적 책임을 따진다면 이중 결산을 하는 것이다. 즉, 금전적 이익과 함께 윤리와 가치를 추구하는 것을 이중 결산이라고 한다. 추가적인 결산은 대개 강력한 도덕적, 윤리적 신념이나 삶의 다른 영역에 적용하는 개인적 원칙에 뿌리를 둔다.

로베코샘 지속 가능한 물 펀드RobecoSAM Sustainable Water Fund처럼 지속 가능한 자원 투자에 전적으로 할애되는 비인덱스 펀드도 있다. 이 펀드는 투자자를 위한 장기적인 자본 증식을 추구하는 한편, 전 세계의 지속 가능한 물 공급과 관련된 투자 대상을 신중하게 고른다.

녹색으로 향하는 투자

명확한 녹색 펀드에 더하여 많은 사회적 책임 펀드도 녹색 기업에 투자한다. 이 펀드들은 친환경 기업과 더불어 사회적으로 중요한 가치를 제공하는 기업의 주식을 보유한다. 이 펀드들이 보유하는 다른 유형의 투자 대상으로는 유기농 및 유기농 식품 기업, 빈곤 지역을 돕는 기업, 직원과 지역사회를 아주 잘 대우하는 기업들이 있다. 반면 무기나 담배, 술, 기타 파괴적인 제품이나 서비스를 판매하는 바람직하지 못한 기업은 걸러낸다.

그린 아메리카Green America, www.greenamerica.org에서 제공하는 내셔널 그린 페이지스National Green Pages에서 녹색 펀드의 광범위한 목록을 볼 수 있다. 또한 「그린머니 저널GreenMoney Journal」(www.greenmoneyjournal.com)의 자료를 검색하면 당신이 고려 중인 펀드에 대한 보다 많은 정보를 찾을 수 있다. 그리고 1991년 이후로 환경적 책임 투자에 집중한 그린 센추리 펀즈Green Century Funds 같은 펀드사에서 투자 선택지를 확인할 수 있다.

속임수를 피하라

이런 광고를 본 적이 있을 것이다. 청바지 차림의 남자가 들판이나 숲속을 걸으며 풍경과 자연의 소리를 즐긴다. 풍광은 녹색으로 가득하다. 남자는 그 땅을 지키려는 것처럼 보인다. 하지만 알고 보니 그는 거대 석유 회사를 위해 일한다. 그 회사는 모호한 변화를 통해 지구를 지키는 일을 도우려고 노력한다고 말한다. 당신은 말이 안 된다는 사실을 알지만 모든 것이 설득력 있어 보인다.

내면의 회의론자에게 귀 기울여라. 어떤 기업이 녹색으로 자신을 감싼다고 해서 정말로 녹색 기업이 되는 것은 아니다. 단지 '그린워싱greenwashing'으로 추한 진실을 가리고 정말로 환경을 아끼는 것처럼 보이려고 할 뿐이다.

그린워싱에 주의하라

그린워싱 관행은 폭넓게 퍼져 있다. 그린워싱이라는 용어는 너무나 널리 쓰여서 『옥스퍼드 영어사전Oxfred English Dictionary』에도 올라 있다. 지금은 녹색 이미지로 자신을 꾸미려고 들지 않는 기업을 찾기 어렵다. 그러니 녹색 렌즈를 벗고 회의적인 시각으로 그린워싱을 바라보라.

그린워싱은 광고업계가 제공한 것이다. 고객사가 선하고, 다정하며, 친환경적으로 보이도록 꾸미는 것이 그들의 목표다. 요즘은 녹색이 더 많은 녹색(즉, 돈)을 끌어들인다. 소비자와 투자자는 모두 환경 변화에 영향을 미친다고 주장하는 기업들에 이끌린다. 그래서 친환경 기업이라는 인식은 미래의 성공에 도움이 되는 것으로 보인다. 문제는 그들이 말하는 변화가 아무런 실체가 없거나 마케팅 차원에서 꾸며지는 경우가 많다는 것이다.

처음 시작하는 이들을 위한 최소한의 주식투자 이해하기

무엇이 진짜인지 어떻게 알 수 있을까? 냄새부터 맡아보라. (석유 기업이 친환경적이라고 말하는 것처럼) 뭔가 수상한 냄새가 나면 가짜일 가능성이 크다. 환경을 아끼는 것처럼 보이려고 (녹색과 노란색의 해로) 아예 로고까지 바꾼 BP의 사례를 보라. BP의 홈페이지는 녹색 이상을 제시하며, 보다 깨끗한 미래를 이야기한다. 그러나 2007년에 치열한 법정 공방을 거쳐서 더 많은 독성 폐기물을 미시건호에 방류할 수 있는 허가를 받아냈다는 사실은 밝히지 않는다.

또는 아처 대니얼스 미들랜드Archer Daniels Midland의 사례를 보라. 이 회사는 바이오연료를 생산한다고 자랑스럽게 말한다. 그러나 실제로는 그 과정에서 너무나 많은 오염이 발생하여 사실상 환경적 측면의 이점을 제거한다는 사실을 생략한다. 또한 바이오연료의 원료인 야자수와 옥수수를 심기 위해 (종종 불을 질러서) 땅을 개간해야 하며, 그 결과 10억 톤 이상의 온실가스가 대기로 방출된다는 사실도 언급하지 않는다.

결론적으로 그린워싱을 예상하고 속임수에 넘어가지 마라. 투자하려는 모든 녹색 기업에 대해 인터넷에서 기본적인 정보를 검색하고 뉴스에 초점을 맞춰라. 회사의 홈페이지는 환경을 중시하는 것처럼 꾸밀 수 있지만 인터넷 전체를 꾸미기는 훨씬 어렵다. 또한 코프와치CorpWatch, www.corpwatch.org, 코퍼레이트 어카운트빌리티 인터내셔널Corporate Accountability International, www.stopcorporateabuse.org, 멀티내

셔널 모니터Multinational Monitor, www.multinationalmonitor.org처럼 환경 오염 기업을 고발하는 비영리 웹사이트도 검색할 수 있다.

수익성을 갖춘 녹색 포트폴리오 구축하기

녹색은 환경에 좋다. 하지만 녹색 기업이 반드시 포트폴리오의 수익과 성장에도 좋은 것은 아니다. 다행히 신중한 조사와 계획을 통해 친환경성과 수익성이라는 두 개념을 결합할 수 있다. 많은 전통적 투자자(즉, 수익 잠재력만 보고 투자하는 투자자)는 모든 형태의 사회적 책임 투자를 거부했지만, 지금은 훨씬 자세히 살피고 있다. 알고 보면 수익을 신경 쓰는 사람들만큼 세상을 신경 쓰는 사람들도 많다. 이는 녹색 투자자들에게 희소식이다. 녹색 투자로 유입되는 자금이 많을수록 환경을 중시하는 투자자들은 더 많은 수익을 올릴 수 있다.

게다가 진정한 녹색 기업은 다른 기업들만큼 실적에 대한 동기를 갖추고 있다. 그들도 명백히 돈을 벌기 위해 사업을 한다. 물론 세상에 도움이 되는 방식을 추구하기는 하지만 손익은 손익이다. 또한 녹색 산업이 인기를 끌면 녹색 기업은 상당한 성장을 이룰 수 있다. 이는 명민한 투자자에게 자본 소득으로 이어진다.

전체 포트폴리오를 녹색 투자에 할애하기로 결정해도 여전히 기본적인 투자 원칙을 따라야만 성공할 수 있다. 먼저 현재의 개인적인 재정 상황, 기간, 위험 감수도를 평가해야 한다. 이는 모든 최종적인 투자 결정을 이끈다. 그다음, 당신의 포트폴리오를 위한 최적의 자산 배분을 결정해야 한다. 즉, 투자 자금을 주식이나 채권, 펀드 또는 다른 자산에 배분해야 한다. 또한 각 범주에서 보유 자산을 분산해야 한다.

> **녹색 투자 자료**
>
> 환경을 의식하는 (그리고 수익성 있는) 포트폴리오를 구축하는 데 도움이 되는 많은 자료가 있다. 방문할 만한 유익한 웹사이트로는 굿 머니Good Money. www.goodmoney.com, 지속 가능하며 책임 있는 투자 포럼Forum for Sustainable and Responsible Investment, www.ussif.org, 소셜 펀즈Social Funds, www.socialfunds. com가 있다.

성공적인 녹색 포트폴리오는 주식과 채권 그리고 귀금속이나 부동산 같은 다른 투자상품으로 구성될 것이다. 녹색 포트폴리오도 일반 포트폴리오와 같은 방식으로 점검해야 한다. 손실이 나는 투자상품을 솎아내고 보다 수익성 있는 투자상품을 찾아야 한다. 이런 근본적인 투자 원칙을 따르면 당신의 녹색 포트폴리오는 부와 함께 지구를 보다 깨끗하고 안전하게 만드는 데 기여했다는 자부심을 안겨줄 것이다.

CHAPTER 9

투자
포트폴리오

지금까지 당신이 투자할 수 있는 투자상품의 유형과 활용할 수 있는 다양한
투자 전략을 잘 알게 되었을 것이다. 그러면 이제는 포트폴리오를 구성할
때다. 이 작업의 많은 부분은 당신의 목표, 꿈, 성격 등 당신이 어떤 사람인
가에 좌우된다. 투자 포트폴리오는 매우 개인적이다. 이 장에서는 당신의 성
향을 반영하면서 돈을 벌어다주는 포트폴리오를 구성하기 위해 무엇을 해
야 하는지 살필 것이다.

투자 목표
미래에 대한 계획

현재의 재정 상태를 점검하고 돈을 어떻게 관리하는지 잘 파악했다면 이제는 다음 단계로 나아갈 때다. 지금 어디에 서 있는지 알면 어디로 가고 싶은지 정할 수 있다. 즉, 투자 목표를 정할 수 있다.

먼저 구체적이고 측정 가능한 목표를 세워라. 그냥 더 많이 저축하고 싶다고 말하지 마라. 앞으로 12개월 동안 1,000달러를 저축하고 싶다고 말하라. 나중에 은퇴하면 열대의 섬에서 살겠다는 꿈을 꾸지 마라. 65세가 되면 600만 달러를 은퇴자금으로 마련하겠다는 목표를 세워라. 이런 목표를 세우면 진전을 확인할 수 있고, 목표를 달성하기 위해 필요에 따라 조정할 수 있다.

두 번째 규칙은 예상치 못한 일이 생길 여지를 두어야 한다는 것이다. 이는 모든 투자 계획에서 아주 중요한 부분이다. 차가 고장 나거나,

온수기가 작동하지 않거나(아마도 당신이 샤워 중일 때), 응급실에 가야할 수도 있다. 이 모든 일은 갑작스럽게 일어나며, 다른 때에 다른 방식으로 쓰려고 생각했던 돈이 들어간다. 예상치 못한 비용에 대처하려면 쉽게 접근할 수 있는 약간의 현금을 확보해야 한다. 그렇다고 해서 그 돈을 투자하지 말아야 한다는 말은 아니다. 예상치 못한 일에 대비하고 일부 자금을 고도로 유동적인 자산에 투자하면 목표를 달성하는 길을 너무 멀리 벗어나지 않고도 갑작스러운 상황에 대처할 수 있다. 반대의 경우도 있을 수 있음을 명심하라. 급여 인상이나 보너스 또는 대출금 상환 등으로 추가 현금이 생기면 빚을 갚거나 저축 및 투자에 보태라.

물가상승률을 고려하라

재정적 목표를 세울 때 물가상승률을 고려해야 한다는 것을 명심하라. 역사적으로 물가상승률은 연간 약 3%였다.

은퇴 후에 갑자기 돈이 필요할 경우도 반드시 계획에 포함해야 한다. 일부 전문가는 생활방식을 소박하게 바꾸면 현재 수입의 60~70%가 필요할 것이라고 추정한다. (가령 인플레이션과 투자수익률의 잠재적 효과를 반영하는) 보다 자세한 계산은 재무설계사와 상담하거나 은퇴 계획용 소프트웨어를 활용하라.

현재 저축 수준을 점검하고 그에 따라 어떤 자산을 보유할지 계획하라. 목표 기한에서 멀수록 더 많은 투자 위험을 감수할 수 있다. 이 모든 계획의 핵심은 지금 돈을 저축하기 시작하는 것이다.

끝으로 재정적 목표를 향해 나아가기 위해 예비 투자 계획을 설계하라. 계획을 다듬고 완벽하게 만들려면 시간이 걸린다. 이때 기본적인 모델(가령 나이를 %로 바꿔서 그만큼 채권과 현금을 보유하고 나머지는 주식으로 보유하는 방법)은 좋은 출발점이 된다. 처음에는 많은 돈을 들여서 인기 종목을 사고 싶은 생각이 들 수 있다. 그러나 이는 목표에 도달하는 최선의 길이 아니다. 충동 구매처럼 충동 투자는 아무런 수익 없이 투자 자금을 고갈시킬 수 있다. 그러니 지식과 경험이 더 쌓일 때까지 기본적인 계획에서 출발하거나 전문가의 도움을 구하라.

그다음 당신의 돈이 이미 당신을 위해 일하고 있는 동안 시간을 두고 당신의 목표와 기한에 맞는 적절한 포트폴리오를 계획하라. 그것이 부를 쌓고 지키는 길이다. 일부 독립적인 조사가 필요할 것이다. 거기에는 포트폴리오의 현황 및 실적 점검과 함께 일부 투자 자금을 묻어둘 기업에 대한 실사도 포함된다.

투자 선택지

성공에 필요한 모든 재료를 갖추는 것은 좋은 출발점이다. 하지만 조리법이 없으면 멀리 갈 수 없다. 맛있는 빵을 만들 수 있는 재료를 다 갖춘다고 해도 전부 같은 양을 집어넣으면 결국 먹을 수 없는 벽돌이 된다. 재료를 측정하고 혼합하는 기술을 습득하라. 그래야 여러 재료가 조화를 이뤄서 완벽한 투자를 만든다. 그러기 위해서는 인내와 근면성이 필요하다.

포트폴리오의 구성 요소

대다수 투자 포트폴리오는 여러 가지 요소로 구성된다. 대개 다음과 같은 요소들이 조합된다.

- 유동자산(현금 및 현금성 자산)
- 고정수익증권(채권 및 연금)
- 주식
- 부동산
- 원자재(귀금속)
- 기타 투자상품

검증된 투자의 금언을 적용하면 어떤 요소로 포트폴리오를 구성할

지 파악하는 과정이 크게 어렵지 않다. 즉, 당신의 위험 감수도를 알고, 투자 기간을 정하고, (자산 배분을 통해) 투자를 분산하고, 투자 목표를 정해야 한다. 포트폴리오와 관련된 의사결정 과정에서 가장 중요한 두 가지 요소는 위험과 분산이다.

위험 평가
모든 선택은 위험을 수반한다

투자의 세계에서는 위험과 보상 사이의 미묘한 (그리고 대단히 개인적인) 선 위를 걸어야 한다. 불확실성이 클수록 기대한 투자 성과가 나오지 않을 위험이 크다. 심지어 투자액 전부를 잃을 수도 있다. 하지만 투자 위험이 클수록 더 큰 투자 수익을 얻을 기회가 생긴다. 너무 많은 위험은 불편하고, 위험을 최소화하기를 바란다면 그 대가로 투자 수익이 줄어든다(이것 자체가 일종의 위험일 수 있다). 사실 위험을 완전히 제거할 수는 없다. 아무런 위험도 감수하지 않는다면 투자를 통해 돈을 벌 수 없다.

투자 위험은 시장 변동성과 직결된다. 변동성은 항상 발생하는 금융 시장의 등락을 말한다. 변동성을 초래하는 요인은 많다. 금리 변화, 인플레이션, 정치적 영향, 경제적 추세가 모두 가연성 높은 시장 여건을 만든다. 이는 포트폴리오의 실적을 빠르게 바꿀 수 있는 힘을 지닌다.

아이러니하게도 변동성은 그 속성상 포트폴리오에서 경제적 혜택을 누릴 기회를 만든다. 위험은 이런 방식으로 투자와 투자 전략에 영향을 미친다. 위험은 많은 유형을 지니며, 일부 위험은 다른 위험보다 복잡하다. 지금부터 포트폴리오를 설계할 때 고려해야 할 위험들을 살펴보자.

주식 고유 위험

모든 주식은 특정한 정도의 위험을 수반한다. 포트폴리오를 분산함으로써 이 위험을 최소화할 수 있다. 한두 종목에만 투자하면 큰 손실을 입을 수 있다. 반면 잘 분산된 포트폴리오의 경우 여전히 이런 일이 일어날 수 있지만(2008~2009년에 발생한 전반적인 약세장이 한 사례다), 그 가능성은 훨씬 작다. 추세 분석 요소를 의사결정 과정에 추가하고 큰 그림(가령 국제 경제 및 정치)을 주시하면 예상치 못한 시장의 급격한 반전에 따른 파괴적인 손실을 막을 수 있다.

수동성 위험

금융시장을 신뢰하지 않아서 돈을 은행 예금계좌에 넣어두는 사람은 결국 기대보다 못한 수익을 올릴 수 있다. 이것이 돈을 가만히 두는 바람에 상당한 소득을 잃는 수동성 위험의 핵심이다. 저축 금리는 물가상승률을 따라잡을 수 없다. 저축에 투자한 돈은 위험을 피한다는 핵심 투자 원칙을 충족하기는 하지만 시간이 지남에 따라 구매력을 잃게 된다. 다소 역설적인 이유로 저축 계좌가 반드시 가장 안전한 선택지는 아니다. 안전감을 포기하지 않으면서도 인플레이션에 대처할 수 있도록 최소한 약간 더 높은 수익률을 제공하는 투자상품(가령 물가연동국채)을 고려하라.

수동성 위험과 비슷하게 인플레이션 위험은 향후 보유 자금의 구매력이 줄어들 것이라는 예상에 기반한다. 대개 인플레이션을 앞지르고 싶을 때는 주식이 최고의 투자 대상이다. 반면 MMF(머니마켓펀드)는 인플레이션에 대처하는 데 가장 효과가 작다.

시장 위험

시장 위험은 말 그대로의 의미다. 보수적인 MMF를 통하더라도 금융시장에 투자한 돈은 하락이나 심지어 급락의 위험에 노출된다. 전반적인 주식시장의 변화에 따른 불확실성은 시장 위험과 더불어 세계적, 정치적, 사회적, 경제적 사건 또는 심지어 투자 대중의 심리에서 기인

한다. 하지만 가장 큰 투자 위험은 시장 위험에 돈을 노출하지 않는 것이다. 돈이 주식시장에서 일하도록 만들지 않으면 장기적인 주식시장의 성장에 따른 혜택을 누릴 수 없다.

신용 위험

신용 위험은 대개 채권투자와 관련되며, 기업이나 기관 또는 지자체가 채권의 이자나 원금을 지급하지 못할 가능성을 말한다. 디폴트 위험이 가장 큰 것은 회사채다. 기업은 언제나 망한다. 반대로 미 국채 관련 증권은 미국 정부의 신용으로 보증하기 때문에 사실상 신용 위험이 없다. 채권의 재정 안정성을 측정하기 위해 무디스와 S&P 같은 신용평가기관들이 신용등급을 매긴다. A등급 채권은 안정적인 것으로 간주하는 반면, C등급 채권은 불안정한 것으로 간주한다.

통화 위험

통화 위험은 해외시장 및 신흥시장 투자에서 가장 많이 고려되지만 어느 시장에서든 항상 발생할 수 있다. 이 위험은 환율 변동으로 해외 투자 및 그에 따른 이익 또는 해외에 자산을 보유한 미국 기업의 가치가 영향을 받는 것이다. 통화 위험은 전 세계적인 테러나 전쟁의 위협 등으로 지정학적 상황이 불안정할 때 필연적으로 증가한다.

금리 위험

채권 금리가 오르면 채권 가격은 떨어진다(그 반대의 경우도 마찬가지다). 오르내리는 금리는 주식과 채권에 상당한 영향을 미친다. 대개 채권 만기가 길수록 금리 위험의 영향이 더 크다. 대신 장기 채권은 더 큰 위험을 보상하기 위해 대개 더 높은 수익률을 제공한다.

경기 위험

경기가 둔화하면 기업의 이익이 (그리고 그에 따라 주가가) 악화한다. 가령 중동의 정치적 불안정은 해당 지역에 대한 투자를 아주 위험하게 만든다. 중동에 전 세계적으로 가장 수요가 많은 원자재인 석유가 넘쳐난다고 해도 말이다.

당신의 위험 감수도는 어떤가?

투자자로서 당신의 위험 감수도는 연령, 재정적 필요, 부양자 수, 부채 수준 같은 많은 요소에 좌우된다. 당신이 25살에 자녀가 없는 독신이고 빚도 없다면, 55세에 두 자녀가 대학에 다니며 은퇴를 앞둔 사람보다 위험 감수도가 훨씬 높다. 현재의 재정적 상황에 더하여 위궤양 요소, 즉 투자 손실이 신체적, 정신적 건강에 미칠 영향도 고려해야 한다. 가령 보유 종목 중 하나의 주가가 하루에 10% 하락했을 때 위궤양이 생긴다면, 이를 위험 감수도 수준에 반영해야 한다.

위험 감수도를 파악하는 것은 오판의 가능성이 상존하는 불확실한 과정이다. 해마다 위험 감수도가 어떨지 확실히 아는 것은 불가능하다. 그래도 레졸루션 라이프Resolution Life의 자회사인 링컨 베네피트 라이프Lincoln Benefit Life가 개발한 다음 테스트는 위험 감수도를 명확하게 파악하는 데 도움을 준다. 각 질문에 대해 해당하는 항목을 선택한 후 마지막에 결과를 확인하라.

1. 누군가가 당신에게 수익이 날 확률이 80%인 사업에 재산의 15%를 투자하라고 제안한다면 어떻게 말할 것인가?

A. 아무리 수익이 많아도 그런 위험을 감수할 수 없다.

B. 수익이 투자액의 7배는 되어야 한다.

처음 시작하는 이들을 위한 최소한의 주식투자 이해하기

C. 수익이 투자액의 3배는 되어야 한다.

D. 수익이 적어도 투자액만큼은 되어야 한다.

2. 앞으로 몇 달 동안 2만 달러의 수익을 올릴 것을 기대하고 1만 달러의 빚을 지는 일을 어떻게 생각하는가?

A. 대단히 불편하다. 절대 하지 않을 것이다.

B. 다소 불편하며, 아마 하지 않을 것이다.

C. 다소 불편하지만, 할지도 모른다.

D. 아주 편안하다. 반드시 할 것이다.

3. 당신은 25%의 확률로 10만 달러의 당첨금을 받을 수 있는 복권을 갖고 있다. 추첨 전에 이 복권을 판다면 최소 얼마를 받을 것인가?

A. 1만 5,000달러

B. 2만 달러

C. 3만 5,000달러

D. 6만 달러

4. 스포츠 베팅, 카지노 도박, 복권 등에 150달러 이상을 베팅한 적이 얼마나 되는가?

A. 절대 하지 않는다.

B. 평생 두어 번밖에 하지 않았다.

C. 작년에 한 가지 활동에 베팅했다.

D. 작년에 두 가지 이상의 활동에 베팅했다.

5. 당신이 매수한 주식이 그 해에 주가가 2배로 뛴다면 어떻게 할 것
인가?

A. 전량 매도한다.

B. 절반을 매도한다.

C. 1주도 매도하지 않는다.

D. 더 많이 매수한다.

6. 당신이 보유한 고수익 CD의 만기가 곧 도래하는 상황에서 금리
가 많이 떨어졌다. 그래서 당신은 수익률이 더 높은 다른 투자상
품에 투자해야겠다고 생각한다. 당신이 투자할 가능성이 가장 큰
투자상품은 무엇인가?

A. 미국 저축 채권

B. 단기 채권 펀드

C. 장기 채권 펀드

D. 주식 펀드

7. 거액을 어디에 투자할지 결정할 때 어떻게 하는가?

    A. 결정을 미룬다.

    B. 증권사 직원 같은 다른 사람이 대신 결정하게 한다.

    C. 재무상담사와 의논한다.

    D. 혼자 결정한다.

8. 다음 중 투자 결정과 관련하여 해당하는 항목은 무엇인가?

    A. 절대 혼자 결정하지 않는다.

    B. 가끔 혼자 결정한다.

    C. 종종 혼자 결정한다.

    D. 전적으로 혼자 결정한다.

9. 투자 운은 어떤가?

    A. 아주 나쁘다.

    B. 평균이다.

    C. 평균보다 낫다.

    D. 아주 좋다.

10. 다음 문장을 완성하라. 나의 투자가 성공적인 이유는?

    A. 운이 항상 내 편이기 때문이다.

B. 적시에 적절한 곳에 있었기 때문이다.

C. 기회가 생겼을 때 활용했기 때문이다.

D. 성공할 수 있도록 신중하게 계획했기 때문이다.

A는 1점, B는 2점, C는 3점, D는 4점이다.

점수가 19점 이하라면 당신은 보수적인 투자자로서 위험을 감수하는 것을 불편하게 여긴다. 당신은 재정적 목표를 달성하기 위해 어느 정도 계산된 위험을 감수해야 한다는 사실을 알고 있다. 하지만 그렇게 하기가 편안하지는 않다.

점수가 20점에서 29점 사이라면 당신은 중도적인 투자자로서 적당한 위험을 편안하게 감수한다. 당신은 아마 크게 불편을 느끼지 않고 합리적인 위험을 감수할 것이다.

점수가 30점 이상이라면 당신은 공격적인 투자자로서 높은 수익률을 찾아서 높은 위험을 기꺼이 감수할 것이다. 당신은 상당한 위험을 감수해도 크게 스트레스를 받지 않는다.

투자자들의 전형적인 행동을 살펴보면 위험을 이해하지 못했거나, 무시하기로 한 것처럼 보인다. 시장이 상승하면 주식과 펀드로 돈이 쏟아져 들어온다. 주가가 오를 때마다 위험이 커지고 잠재적 수익은 하락하는데도 말이다. 반대로 약세장에서는 패닉에 가까운 투매가 나온다. 주가가 떨어질 때마다 위험이 작아지고 잠재적 수익은 상승하는데도 말이다. 대다수 투자자가 위험을 효과적으로 관리하는 두 가지 방법은 위험에 노출되는 공격적인 투자의 비중을 전체 포트폴리오의 작은 일부로 제한하고, 애초에 따랐던 투자 프로그램을 고수하는 것이다.

시간의 힘

시간은 종잣돈을 불리는 데 있어서 가장 중요한 요소 중 하나다. 일찍 시작할수록 돈이 당신을 위해 일할 시간이 늘어난다. 금융계에서는 이를 돈의 시간 가치라고 부르며, 성공적인 투자자는 그 가치를 십분 활용한다. 시간 가치의 일부는 저축과 투자에서 나온다. 시간이 많으면 더 많은 돈을 거기에 할애할 수 있다. 하지만 큰 부분은 복리의 마법에서 나온다.

복리는 어렵게 느껴질 수 있지만 실은 상당히 단순하다. 복리는 투자 소득이 돈을 벌어들이는 것을 말한다. 가령 1,000달러를 은행 계좌에 넣고 첫해에 100달러의 이자를 번다고 가정하자. 두 번째 해에는 첫 예금액인 1,000달러가 아니라 전체 금액(1,100달러)에 대한 이자가 붙는다. 투자 소득을 재투자하면 복리의 힘을 온전히 살려서 부가 더 빨리 늘어나는 것을 지켜볼 수 있다.

분산화
위험 줄이기

분산화는 단순히 투자 자금을 다양한 투자상품으로 나누는 것을 말한
다. 이는 경기와 금융시장의 주기적 변동으로부터 포트폴리오를 보호
하는 최선의 방법이다. 다양한 증권으로 포트폴리오를 구성하면 한 증
권의 가치 하락이 다른 증권의 가치 상승으로 상쇄된다. 가령 채권은
종종 주식이 부진할 때 좋은 성과를 낸다.

절대 위험을 제거할 수 없다

포트폴리오를 아무리 분산해도 절대 위험을 완전히 제거할 수 없다. 개별 종
목과 연계된 위험은 줄일 수 있지만 전반적인 시장 위험은 거의 모든 종목에
영향을 미친다. 따라서 다른 자산으로 자금을 분산하는 것이 중요하다. 핵심
은 위험과 수익의 균형을 잡는 것이다.

분산화는 다양한 형태로 이루어진다. 가령 주식의 경우 다양한 산업을 대표하는 종목들을 매수하여 투자를 분산할 수 있다. 이는 기술주만 보유하는 것처럼 단일 업종에 집중하는 것보다 안전하다. 채권의 경우 고등급 채권과 저등급 채권을 혼합하여 투자를 분산할 수 있다. 고등급 채권은 채권 포트폴리오와 연계된 전반적인 위험을 낮추는 경향이 있다. 반면 저등급 채권은 (대개 이자를 더 많이 지급하기 때문에) 전반적인 수익률을 높일 수 있다.

시간 측면의 분산화도 가능하다. 가령 30년 만기 회사채와 5년 만기 국채를 포트폴리오에 포함하는 것이다. 장기채는 대개 단기채보다 높은 금리를 제공한다. 하지만 단기 투자는 금리 변동을 활용할 수 있는 유연성을 더 많이 부여한다.

우선주

우선주는 엄밀히 말하면 주식이지만 종종 고정 소득 투자상품으로 간주한다. 대개 꾸준한 소득의 한 형태로서 확정적인 배당액을 보장하기 때문이다. 실제로 우선주는 때로 '채권 같은 주식'으로 불린다.

분산화의 또 다른 중요한 형태는 주식, 채권, 부동산, MMF 등 주요 투자 대상 또는 자산군에 나눠서 투자하는 것이다. 여러 자산군, 특히

동일한 경제적 여건에서 다른 성과를 내는 자산군들에 걸쳐서 투자를 분산하는 것은 포트폴리오를 추가로 보호해준다.

자산 배분

투자자들은 종종 자산 배분이라는 개념을 적어도 처음에는 혼동하거나 부담스러워한다. 하지만 사실은 아주 단순한 개념이다. 자산 배분은 투자 자본을 어떤 유형의 자산에 넣을지 결정하는 것이다. 이 결정은 재산, 기간, 위험 수용도, 기타 보유 자산 같은 변수에 좌우된다. 일반적으로 자산을 적절하게 배분하려면 세 가지 주요 자산 범주인 현금, 고정 소득, 주식으로 구성된 포트폴리오를 구성해야 한다. 현금에는 은행에 넣어둔 돈뿐 아니라 아주 빠르게 현금화할 수 있어서 '현금성 자산'으로 간주하는 미 국채 및 MMF가 포함된다. 고정 소득 투자상품에는 채권과 정기 예금 그리고 이자가 붙는 다른 증권이 포함된다. 주식은 가치주와 성장주 같은 보다 구체적인 범주로 세분할 수 있다.

최고의 수익을 올릴 수 있도록 주식 유형(소형주, 중형주, 대형주뿐 아니라 해외주 등)과 채권 유형(단기채, 중기채, 장기채 및 회사채, 국채)을 적절하게 혼합하는 것은 까다로운 일이다. 게다가 변동성 감수도와 투자 분산화도 고려해야 한다. 따라서 중요한 계획 단계에서 공인 재무설계사나 상담사의 도움을 받을지 고려하는 것을 최우선 과제로 삼아야 한다.

얼마나 오래 투자할 것인가?

자산 배분 전략을 수립할 때 먼저 얼마나 오래 투자할지 결정해야 한다. 또한 얼마나 많은 위험을 감수할지 결정해야 한다. 그다음 당신에게 맞는 목표 구성을 고르고, 그 구성을 달성하는 데 도움이 되는 투자상품을 선택해야 한다. 비중은 점진적으로 조정하라. 미래 투자분부터 자산 혼합 방식에 맞추고 기존 보유 자산을 전반적인 계획에 따라 재구성하라.

기간과 자산 배분

많은 재무상담사가 삶의 단계에 따라 자산 배분 계획을 세워야 한다는 합당한 조언을 한다. 막 사회생활을 시작했다면 주식에 중점을 둔 장기 전략이 적절하다. 이 전략은 주식에 공격적으로 더 많이 투자하여 자산을 증식하는 데 초점을 맞춘다. 또한 위험을 낮추기 위해 채권 같은 소득형 투자상품도 포함할 수 있다. 장기 전략을 따르는 포트폴리오 구성의 예로 들면 주식 70%, 채권 25%, 단기 투자상품 및 현금 5%가 있다.

은퇴를 앞두고 있거나 은퇴한 경우 재무상담사들은 종종 자본 보존에 중점을 두기 위해 채권에 큰 비중을 두는 단기 전략을 추천한다. 이 전략은 현재 소득과 자본 보존, 유동성을 강조하는 한편 성장 잠재력을 위해 포트폴리오의 작은 비중을 주식에 할애한다. 단기 전략을 따르는 포트폴리오 구성의 예로는 채권 50%, 주식 20%, 단기 투자상품 및 현금 30%가 있다.

자산 배분의 두 가지 방식

자산을 배분하는 기본적인 두 가지 방식이 있다. 첫 번째 방식은 장기적으로 안정된 정책을 따르는 것이다. 이 경우 소득에 대한 필요와 위험 감수도에 따라 균형 잡힌 전략을 추구할 수 있다. 가령 주식, 채권, 현금, 부동산에 각각 25%씩 비중을 둘 수 있다. 그다음 분기 또는 해마다 각 범주가 25%의 원래 비중을 유지하도록 금액을 조정하면 된다. 그러기 위해서는 수익이 좋은 자산 중 일부를 매도하고 손실이 나는 자산을 더 매수해야 한다. 이런 배분 방식은 각 범주의 기대 수익을 결정할 필요 없이 장기적으로 보다 안정된 수익률을 올리도록 해준다.

이 방식의 대안은 적극적인 전략이다. 이는 위험 감수도와 장기 목표를 토대로 삼아 각 범주에 대한 비중을 결정하는 것이다. 가령 성장과 소득을 적절하게 혼합하고 싶은 경우 시장 상황에 따라 주식의 비중을 35%에서 65% 사이로 잡을 수 있다. 각 자산군에 대해 같은 방식으로 비중의 폭을 설정한다.

물론 적극적인 전략은 금융시장과 거기에 영향을 미치는 요소에 대한 많은 공부와 지식을 요구한다. 또한 적어도 일주일에 한 번씩 투자 현황을 점검하고, 조정된 기대치(및 실제 실적)에 따라 보유 자산을 조정해야 한다. 그리고 거대한 시장의 힘과 추세, 세계적 정치, 경제 상황의 변화, 심지어 업종 실적의 계절별 차이까지 고려해야 한다. 이 전략에 따라 꾸준하게 올바른 판단을 하면(경험과 통찰이 쌓이면 자주 그렇게 할 수 있다) 훨씬 높은 수익률을 올릴 수 있다.

요령을 터득하면 자산 배분 전략을 수립하는 것은 매우 단순한 과정임을 알게 될 것이다. 다만 자산 배분 전략은 시간이 지남에 따라 바뀌어야 한다는 사실을 명심하라. 지금 적절한 전략이 5년 후에는 적절치 않을 수 있다. 자산 배분 전략은 삶의 변화에 맞춰서 변할 수 있다.

평생 투자 전략

투자에 대한 필요와 전략은 연령과 삶의 단계에 따라 장기적으로 바뀔 것이다. 아주 어린 자녀를 둔 30세 투자자의 포트폴리오는 자녀가 없는 30세 투자자나 아주 어린 자녀를 둔 40세 투자자의 포트폴리오와 크게 다를 것이다.

> **어떻게 자산 배분을 시작해야 할까?**
>
> 가장 간단한 방법은 오랜 규칙을 따르는 것이다. 즉, 100에서 현재 나이를 뺀 수치만큼 주식에 할애하고, 나머지는 고정 소득 투자상품과 현금에 할애하면 된다. 이 방법은 너무 단순해서 완벽한 비중을 제공하지는 못하지만 좋은 출발점이다.

포트폴리오를 설계할 때 생활방식과 관련하여 다음 요소를 고려한다.

- 현재 및 미래의 가족 상황
- 현재 및 미래의 직업 전망(특히 자기 사업을 할 계획이 있다면)
- 현재 및 예상 부채 수준

이 요소들이 바뀌면 투자 전략과 자산 배분 선택지도 바뀌게 된다. 가령 나이가 들어서 투자 기간이 짧아진다면 자산 배분 전략은 성장에서 보존으로 바꿔야 한다.

투자 전략을 수립할 때 명심해야 할 또 다른 점은 필요에 따라 조정해야 한다는 것이다. 삶은 (쌍둥이가 태어나는 것 같은) 난관과 (오랫동안 연락이 없던 친척에게 50만 달러를 상속받는 것 같은) 횡재를 안긴다. 전반적인 전략은 자주 바뀌지 않겠지만(또한 바뀌지 말아야 하지만) 필요할 때 변화를 주는 유연성이 있어야 한다.

처음 시작하는 이들을 위한 최소한의 주식투자 이해하기

당신의 투자자 프로필
당신에게 맞는 투자

투자에 대한 기대를 관리하는 것은 투자 계획 과정의 큰 부분이다. 이 일은 당신이 어떤 투자자인지 정확하게 파악하는 데서 시작된다. 당신의 성향을 알면 나머지 과정은 훨씬 쉽게 진행된다. 투자자 프로필에는 여러 미묘한 편차가 존재한다. 그래도 두 가지 주된 유형으로 나누자면 '매수 후 보유buy and hold'와 '시장 타이밍market timing'이 있다. 투자 기간에서 당신이 속한 시기, 위험 감수도, 개인적 스타일이 모두 어떤 유형의 투자자가 될 것인지에 영향을 미친다.

다음은 당신의 투자자 프로필을 파악할 때 자신에게 던질 만한 좋은 질문들이다.

1. 시장 변동 때문에 밤에 잠을 못 이루는가?

2. 투자가 낯선가?

3. 투자하는 사람보다 저축하는 사람에 더 가까운가?

4. 며칠 또는 몇 주 만에 자산의 25%를 잃을까 두려운가?

5. 증권시장의 등락을 편하게 바라볼 수 있는가?

6. 투자와 증권시장을 잘 아는가?

7. 장기적인 목표를 위해 투자하는가?

8. 상당한 단기 손실을 견딜 수 있는가?

1~4번의 질문에 '그렇다'라고 답했다면 당신은 보수적인 투자자일 가능성이 크다. 5~8번 질문에 '그렇다'라고 답했다면 당신은 공격적인 투자자일 가능성이 크다. 그 사이 어딘가에 속한다면 중도적인 투자자라고 볼 수 있다. 보수적인 투자자는 대개 매수 후 보유 전략을 따른다. 반면 공격적인 투자자는 종종 시장 타이밍 전략을 따른다. 또한 예상 가능한 대로 중도적인 투자자는 혼합형 프로필로 두 유형을 섞는 경향이 있다.

매수 후 보유 투자

매수 후 보유 투자와 관련하여, 시장에 계속 머무르는 한 진입할 때

시장이 어떤 상황인지는 그다지 중요하지 않다는 말을 들어보았을 것이다. 이런 생각에는 상당한 진실이 담겨 있다. 연구 결과에 따르면 주식은 연평균 10%에서 12%씩, 미 국채는 연평균 6%에서 8%씩 상승한다. 여기에 복리의 마법을 더하면 탄탄하고 원칙 있는 투자 전략과 결합한 장기적인 관점은 20년, 30년 그리고 특히 40여 년에 걸친 기간 동안 큰 수익을 낼 수 있다.

비결은 시장에 계속 남아서 가파른 반등을 놓치지 않는 것이다. 시장 타이밍 전략을 따르는 사람들(즉, 시장 타이머들market timers 또는 최적의 순간에 주식시장을 드나들려고 하는 월스트리트의 무모한 사람들)은 반등을 놓칠 위험이 있다. 놓친 돈은 다시 벌기 어렵다.

시장 타이밍의 단점

시장 타이밍 전략은 매수 후 보유 전략보다 대개 높은 거래비용을 치른다. 증권을 사고팔 때마다 거래 수수료가 발생한다. 시장 타이머가 평균보다 높은 수익을 올린다 해도 거래비용이 우월한 실적을 무효화할 수 있다. 게다가 시장의 타이밍을 맞추려고 시도하면 추가적인 위험이 발생한다. 1962년부터 1991년까지의 기간을 예로 들어보자. 1962년에 주식을 산 투자자가 매수 후 보유 전략을 따랐다면 10.3%

의 수익을 올렸을 것이다. 반면 시장 타이밍을 맞추려고 시도하다가 (총 348개월 중) 최고의 상승을 기록한 12개월을 놓쳤다면 수익률은 5.4%에 불과했을 것이다. 다만 이 이론에는 반대의 측면도 존재한다는 사실을 인정해야 한다. 즉, 최악의 하락이 나온 시기(1987년의 폭락과 뒤이은 여러 약세장)에 시장을 탈출했다면 하락기에 계속 시장에 남은 경우보다 더 높은 수익률을 기록했을 것이다.

시장 타이밍 기법을 활용하는 데 따른 또 다른 부정적인 측면은 세금 신고 문제다. 한 해에 여러 번 시장을 드나들면(때로는 한 달에 여러 번) 과세 대상이 되는 거래가 다수 이루어진다. 이 모두를 소득세 신고에 반영해야 한다.

증권사
당신의 투자 자문

증권사를 고를 때 다양한 선택지가 있다. 증권사를 선택하기 전에 당신의 필요, 편안함을 느끼는 수준, 개인적 의지, 조사 가능 시간, 투자 포트폴리오에 직접 관여하고 싶은 욕구를 평가해야 한다. 또한 선택과 관련된 모든 수수료를 파악해야 한다.

디스카운트 증권사

투자 대상 기업을 스스로 조사할 준비가 되어 있고, 의지와 능력이 있다면 디스카운트 증권사가 적당할 수 있다. 투자를 직접 책임지는 과정에서 능력이 향상된다고 느끼는 사람이 많다. 그들은 모든 가용한 정보를 알고 나면 자신이 투자를 처리할 수 있는 최선의 입지에 있다고 생각하며, 주도권을 쥐는 데서 만족감을 얻는다.

증권사가 부과하는 수수료에 대한 규제는 1975년에 철폐되었다. 이는 실로 디스카운트 증권사가 비상하게 되는 계기였다. 투자자들은 모건스탠리자산관리Morgan Stanley Wealth Management 같은 종합증권사에 지불하는 것보다 훨씬 적은 수수료만 내고 거래할 수 있었다. 디스카운트 증권사는 현재 그 어느 때보다 다양한 서비스를 제공한다. 게다가 오늘날의 새롭고 빠른 기술 덕분에 투자자들은 필요한 모든 투자 정보를 얻을 수 있게 되었다.

인터넷이 폭발적으로 성장하면서 스스로 공부할 수 있는 기회가 사실상 무한하게 주어졌다. 이제 초보 투자자들은 종합증권사와 같은 다수의 자료에 접근할 수 있다. 이처럼 데이터에 접근하는 일이 쉬워지면서 종합증권사에 대한 수요가 줄어들고 있다. 약간의 의욕과 결의만 발휘하면 보상을 얻을 수 있다. 온라인 정보가 넘쳐나기 때문에 언제든 기업의 신제품부터 거래량 상위 10개 종목까지 모든 것에 대한 정보를 얻을 수 있다.

최고의 투자 사이트 중 일부는 금융기관이 만들었다. 투자자들은 마우스만 클릭하면 실시간 호가부터 애널리스트 보고서, 주식시장에 대한 기초 자료까지 모든 정보에 접근할 수 있다. 또한 좋은 투자 아이디어를 제공하는 다른 투자자들과 소통까지 할 수 있다. 온라인 디스카운트 증권사가 늘어나면서 언제든 소액의 수수료만 내면 매매가 가능해졌다. 일부 경우에는 10달러 이하로도 매매가 가능하다. 자료를 공부했고, 어떤 주식을 보유할지 안다면 온라인 매매가 이상적이다.

온라인 증권사

TD 아메리트레이드TD Ameritrade와 다른 온라인 증권사는 인터넷에서만 영업한다. 직접 찾아가서 직원과 상담할 수 있는 지점은 없다. 온라인 증권사는 인터넷으로 제공하는 서비스의 종류를 늘리고 있으며, 유동식 비중 배분과 리서치 배포 같은 영역에서 종합증권사를 따라잡기 시작했다.

종합증권사

다른 사람이 대부분의 수고를 들이기를 원한다면 종합증권사를 선택하는 것이 좋다. 물론 종합증권사는 투자자에게 제공하는 서비스에 대해 비싼 수수료를 물린다. 종합증권사가 엄청난 자본 소득을 안겨준다는 보장은 없다. 또한 많은 종합증권사는 소액 고객보다 대형 고객(가령 25만 달러 이상 투자하는 고객)에게 더 신경 쓰는 경향이 있는 것도 사실이다. 일부 전문가는 투자액이 10만 달러 이상이면 종합증권사를 고려하는 것이 좋다고 생각한다. 당신과 기본적인 투자 철학을 공유하고, 당신이 고를 수 있는 여러 투자 선택지를 제공하는 중개인을 찾아라. 최소 5년 이상의 투자 경험을 가진 중개인을 골라라. 또한 강세장과 약세장에서 모두 거래해본 중개인이 좋다.

증권사 추천받기

종합증권사를 이용하고 싶다면 당신이 잘 알고 신뢰하는 사람에게 추천을 받아라. 순전히 수수료 수입을 올리기 위해 소위 '과당 매매churning'를 일삼는 중개인을 조심하라. 과당 매매는 수수료로 수입을 올리는 중개인에게 특히 이득이 된다. 즉, 매매를 많이 할수록 더 많은 돈을 받는다.

고려 중인 중개인을 면담하는 것은 얼마든지 가능하다(또한 바람직하다). 투자 경력, 학력, 투자 철학, 정보를 얻는 주요 출처 등에 대해 물어라. 또한 어떤 투자지들을 읽는지, 그중에서 무엇이 가장 도움이 된다고 생각하며, 그 이유는 무엇인지 확인하라. 종목을 추천할 때 회사의 보고서만 참고하는지 확인하라. 2007~2009년의 약세장 동안 고객들이 어땠는지, 하락기에 고객을 보호하기 위해 어떤 전략을 쓰는지 등 보다 예민한 질문을 던져도 된다. 또한 당신에게 부과될 선지급 수수료의 목록과 부과 시기에 대한 설명도 요구하라. 대답을 얼버무리거나 거부하면 다른 중개인을 찾아라.

증권사 감시

증권사의 수수료 구조를 잘 알아두는 것이 중요하다. 많은 경우 수수료를 받고 있다는 사실을 몰랐으며, 안다고 해도 이용하지 않을 서비스에 대한 수수료가 부과될 수 있다. 또한 계좌 개설, 유지, 폐쇄나 수표 수령, 투자 프로필 참여, 증권 매매, 다양한 세미나 참석에 따른 수수료도 물어라. 나중에 차이가 날 경우에 대비하여 사후가 아니라 사전에 서면으로 해당 정보를 확보하라.

금융산업규제국의 기원

금융산업규제국은 2007년 7월에 전미증권중개인협회National Association of Securiteis Dealers, NASD와 뉴욕증권거래소 규제위원회가 합치면서 만들어졌다. 그전에는 전미증권중개인협회가 소비자와 중개인의 분쟁을 주도적으로 해결했다. 전미증권중개인협회는 또한 나스닥과 다른 장외시장을 운영하고 금융 전문가들에 대한 자격 시험을 실시하는 주된 책임도 맡았다.

금융산업규제국Financial Industry Regulatory Authority, FINRA은 징계 및 민원 기록을 확인하여 특정 중개인의 관행에 대한 질문에 답변할 수 있다. 또한 해당 중개인이 당신이 거주하는 지역에서 활동할 수 있는 허가를 받았는지 확인해줄 수 있다.

금융산업규제국은 투자자들을 보호하는 핵심 비정부기관일 뿐 아니라 미국에서 활동하는 4,000여 개의 증권사를 규제한다. 이를 위해 금융산업규제국은 미국 전역에 걸쳐서 약 3,500명의 직원을 고용하고 있으며, 뉴욕시와 워싱턴 D.C.에 본부를 두고 있다.

재무설계사

또 다른 주식 매매 선택지는 전문 재무설계사를 고용하는 것이다. 그들은 당신의 투자를 관리하는 것 이상의 일을 한다. 즉, 보험과 세금, 신탁, 부동산과 관련된 문제까지 도와준다. 재무설계사를 고용하는 비용은 크게 다를 수 있다. 재무설계사를 고용할 경우 수수료보다는 정액 보수를 지급하는 편이 낫다. 설계사가 수수료만 받는 경우 많은 거래를 부추기는 것이 이득이 된다. 정액 보수의 경우 시간별로 청구하는 설계사도 있고, 총자산 및 매매 활동에 따라 청구하는 설계사도 있다. 이 경우 설계사의 조언을 따르지 않아도 보수를 지급해야 한다. 보수와 수수료를 혼합한 방식을 사용하는 설계사도 있다. 이 경우 매매당 수수료는 적게 지급하지만 추가 보수를 지불해야 한다.

투자 클럽 활동

여러 사람이 돈을 모아서 투자를 하는 것이 투자 클럽이다. 엄밀히 따지면 투자 클럽은 대개 합자 형태로 설립된다. 각 회원은 하나의(또는 둘) 특정한 투자상품을 공부한 다음 자신이 얻은 정보를 다른 회원들 앞에서 발표한다. 그다음 전체 회원이 투표를 통해 어떤 투자상품을 매수하거나 매도할지 결정한다. 일반적으로 회원들은 투자 결정에 적극적으로 참여한다. 모임은 종종 즐거우면서도 교육적이다.

성공한 투자 그룹은 회원들이 일관된 투자 전략을 개발하고 고수할 때 최고의 결과를 낸다. 대부분의 경우 주식을 매수한 후 보유하는 장기 전략이 최고의 접근법이다. 이는 신규 투자자들이 기본적인 투자 기법을 익히게 하는 좋은 방법이다. 또한 경험 많은 투자자들도 투자 기술을 연마할 수 있다. 회원들은 서로의 아이디어를 공유하고, 서로의 실수로부터 교훈을 얻을 수 있다.

투자 클럽은 개별 종목에 투자하는 경향이 있다. 또한 지속적으로 정해진 금액을 투자하고, 자본 소득과 더불어 배당을 재투자하며, 다양한 유형의 성장주에 투자하는 것을 권장한다. 이런 클럽은 분할 적립 투자를 잘 활용한다. 즉, 한 번에 투자하는 것이 아니라 지속적으로 정해진 금액을 투자한다. 이 경우 주가가 하락하면 같은 금액으로 더 많은 주식을 얻는다. 반면 주가가 하락하면 더 적은 주식을 얻는다.

베터인베스팅BetterInvesting 이벤트

투자 그룹인 베터인베스팅은 회원들을 대상으로 다양한 교육 이벤트를 연
다. 거기에는 홈디포, GE, 인텔 같은 기업의 프레젠테이션을 볼 기회를 제공
하는 투자자 박람회도 포함된다. 이벤트 일정은 www.betterinvesting.org
를 참고하라.

CHAPTER 10

프로들의
조언

투자는 눈에 띄는 일이 아니다. 많은 경우 월스트리트나 다른 곳에서 열심히 일하는 사람들은 저녁 엔터테인먼트 뉴스쇼에서 소개되는 일 없이 조용히 자신과 고객을 위해 돈을 번다. 그럼에도 유명세를 얻고 시장의 다른 많은 사람에게 지침이 되는 투자 철학을 제공하는 일부 투자자들이 있다. 그들 중 거의 모두는 그들의 투자 철학을 보다 잘 이해하도록 도와주는 책을 썼다(또는 책의 소재가 되었다).

벤저민 그레이엄
가치투자의 아버지

현대 주식투자의 스승으로 간주하는 사람이 있다면 아마 벤저민 그레이엄이 가장 근접한 인물일 것이다. 가치투자의 아버지인 그는 오늘날의 가장 성공한 투자자인 워런 버핏에게 직접적인 영향을 끼쳤다.

그레이엄은 영국에서 태어났지만 아주 어릴 때 뉴욕으로 건너왔다. 그는 뉴욕 시내에서 자랐고, 컬럼비아대학을 졸업했으며, 월스트리트에서 일자리를 얻었다(아이러니하게도 나중에 애널리스트로서 존경받는 위치에 올라섰지만 1929년 폭락장에서 대부분의 돈을 잃었다). 그는 1934년에 데이비드 도드David Dodd와 함께『증권분석Security Analysis』, 1949년에 단독으로『현명한 투자자The Intelligent Investor』를 썼다.『현명한 투자자』는 현대 투자 역사에서 가장 중요한 책으로 평가받는다.

투자 대 투기

그레이엄의 투자 철학은 『증권분석』에서 투자와 투기를 구분한 것에서 잘 드러난다. 그가 보기에 투자는 합리적인 수준의 위험과 양호한 투자수익률을 보장하는 세밀한 분석에 기반한다. 다른 모든 방식(즉, 분석 없이 주식이나 채권에 돈을 넣는 것)은 투기다.

신중한 분석은 그레이엄의 투자 방법론에서 핵심을 차지한다. 그는 기술적 분석 그리고 기업의 펀더멘털과 장기 추세보다 시장의 일시적 변동과 개별 주가를 중시하는 관점을 거부했다.

> **수동적 투자자와 적극적 투자자**
> 그레이엄은 장기 보유를 위해 주식을 매수하며, 주식 분석에 큰 노력을 기울이지 않고 그냥 놔두는 방어적 투자자와 시장을 연구하고 투자 기회를 살피는 (자신 같은) 적극적 투자자를 구분한다.

대공황 때 주식시장에서 손실을 입은 그레이엄은 하락장에서도 가치 있는 주식을 찾을 수 있다는 확신을 얻었다. 신중하게 분석하면 기업의 평가 가치보다 낮은 주가에 거래되는 종목을 찾을 수 있다는 것이다. 이것이 가치투자의 핵심이며, 주가는 언젠가 기업의 진정한 가치를 반영하기 마련이라는 생각을 따른다.

미스터 마켓Mr. Market

그레이엄은 시장을 파트너로 여겼으며, '미스터 마켓'이라고 불렀다. 이 가상의 인물은 줄곧 주식을 팔거나 사겠다고 제안한다. 당신은 얼마든지 이런 제안을 들을 수 있다. 다만 모두가 가치 있는 제안은 아니라는 사실을 알아야 한다. 제안이 마음에 들지 않는 경우 그냥 돌아서면 된다. 미스터 마켓은 내일 같은 곳에서 다른 제안을 할 것이기 때문이다. 그레이엄은 보통의 투자자는 나쁜 조건을 받아들이기보다 시장을 무시할 능력을 가졌다고 믿었다. 이런 방식은 시장에 계속 시장에 참여하면서 온갖 변동과 어리석은 등락에 시달리는 것보다 훨씬 낫다.

"주식은 단지 종목 코드나 깜빡이는 전기 신호가 아니라 실제 기업에 대한 지분이며, 그 이면의 가치는 주가에 의존하지 않는다."

_ 제이슨 츠바이크

교사이자 트레이더

그레이엄은 컬럼비아대학에서 증권 분석을 가르쳤으며, 여러 사람 (특히 버핏)으로부터 시간과 조언을 넉넉하게 베풀었다는 칭송을 받았다. 그는 초보 투자자들이 시장에서 돈을 벌 수 있도록 도움을 주는 공식을 만들기 위해 말년의 많은 시간을 들였다.

그레이엄의 영향을 받은 유명 투자자들

- 워런 버핏
- 찰리 멍거Charlie Munger
- 피터 린치Peter Lynch
- 존 템플턴John Templeton
- 제롬 체이즌Jerome Chazen

워런 버핏
오마하의 현인

미국 최고의 부자 명단을 보면 항상 워런 버핏의 이름이 최상단 또는 그 근처에 등장한다. 오마하의 현인으로 불리는 버핏은 보수적으로 잡아도 640억 달러의 재산을 보유한 것으로 추정된다.

가치투자의 헌신적 추종자

버핏은 11살 때 처음 주식을 샀다(석유, 천연가스 기업의 주식 3주, 누나 몫으로도 3주를 샀다). 그는 돈을 모으는 데 집중하여 신문 배달로 1,000달러를 모았다. 그는 이 돈으로 다른 장사를 했으며, 나중에 2,000달러를 모아 네브라스카주 오마하의 집 근처에 있는 농장을 샀다. 그는 농장에서 번 돈으로 펜실베이니아대학을 다녔다. 대학원에 진학할 곳을 찾던 그는 컬럼비아대학을 골랐다. 그곳에서 벤저민 그레이엄에게 배우며 투자 이론을 흡수했다. 버핏과 그레이엄은 평생의 친구가 되었으며, 그레이엄은 버핏의 투자 스타일에 중대한 영향을 끼쳤다.

버핏은 투자에 대한 일종의 상식적 접근법으로도 유명하다. 그는 "아는 것을 사라"는 격언을 신봉했으며, 조지 소로스George Soros가 대표하는 금융계 상층부의 화려한 기법을 무시했다.

버핏은 세계 최고의 부호 중 한 명이다. 하지만 그는 소박한 생활을 이어가며, 아내와 친구들과 브릿지를 하면서 많은 시간을 보낸다.

> "가격은 당신이 지불하는 것이고, 가치는 당신이 얻는 것이다."
>
> _ 워런 버핏

자선 활동

버핏은 미국의 부의 불평등에 대해 매우 비판적이며, 여러 자리에서 부의 대물림이라는 개념을 신봉하지 않는다고 밝혔다. 그는 (종종 억만장자인 빌 게이츠와 함께) 여러 자선단체와 자선사업에 거액을 기부했을 뿐 아니라 죽기 전에 사실상 전 재산을 기부할 생각이라고 말했다.

버크셔해서웨이

1962년에 버핏은 직물 회사인 버크셔해서웨이의 주식을 매집하기 시작했다. 1964년 무렵 과반 지분을 확보한 그는 점차 사업을 확장했다. 현재 버크셔해서웨이는 폭넓은 분야에 걸쳐 사업을 다변화했으며, 그 주식은 뉴욕증권거래소의 최고가 주식 중 하나다. 버크셔 해서웨이를 이끈 버핏의 리더십은 폭넓게 칭송되었다. 그는 기업의 이상에 대한 중요한 모범과 사회적 책임의 강력한 기준을 제시했다는 평가를 받는다.

피터 린치
아는 것을 보유하라

1944년에 태어난 린치는 피델리티인베스트먼츠Fidelity Investments에서 마젤란 펀드Magellan Fund의 매니저로서 탁월한 성공을 거두었다. 1977년에 처음 맡았을 때 약 1,800만 달러이던 마젤란 펀드의 가치는 13년 후 그가 은퇴할 무렵에는 140억 달러로 불어났다.

특유의 투자 스타일을 가진 그레이엄이나 버핏과 달리 린치는 특정한 투자 철학을 받아들이지 않았다. 동시에 그는 인상적인 경구로 유명세를 얻었다. 그중에서 가장 잘 알려진 말은 "아는 것에 투자하라"는 것이다.

투자의 8가지 규칙

린치는 (매사추세츠의 한 화려한 컨트리클럽에서 피델리티의 회장인 D. 조지 설리번D. George Sullivan의 캐디로 일한 후) 피델리티의 인턴이 되었다. 그는 점차 승진의 사다리를 올라가 리서치 부장이 되었다. 회사의 투자 현황을 보면서 무엇이 성공하고 실패하는지 관찰할 수 있는 자리였다.

린치의 투자 원칙은 다음 여덟 가지로 정리할 수 있다.

1. 아는 것을 보유하라.
2. 경기와 금리를 예측하려 하지 마라.
3. 실수로부터 배워라.
4. 우수하고 잘 경영되는 기업의 주식을 사라.
5. 매수할 적절한 주식을 찾으려고 서두르지 마라.
6. 언제나 매수 이유를 설명할 수 있어야 한다.
7. 낮은 확률을 피하라.
8. 공에서 눈을 떼지 마라.

그의 관점에서 보면 4번이 특히 중요하다. 그는 "멍청이라도 경영할 수 있는 기업의 주식을 매수하라. 조만간 멍청이가 경영하게 될 것이기 때문이다"라는 유명한 말을 했다. 그는 그레이엄과 버핏처럼 분석의 가치를 믿었다. 다만 그는 시장보다 기업을 분석해야 한다고 강력하게 주장했다. 그는 "경기와 시장 전망을 분석하는 데 13분 이상을 쓴다면 10분을 낭비한 것이다"라고 말했다.

텐배거Ten Bagger

린치는 대학 시절 캐디 일과 다른 수단을 통해 1,000달러의 투자 자금을 모았다. 그는 그 돈으로 플라잉 타이거Flying Tiger라는 항공사의 주식을 매수했다. 그는 한 인터뷰에서 이렇게 말했다. "미래에는 항공운송이 인기를 끌 것이라고 생각했어요. 그래서 주식을 샀는데 운이 아주 좋았어요. 다른 이유로 주가가 올랐거든요. 베트남 전쟁이 시작되었고, 수많은 병사를 베트남까지 실어 나르면서 주가가 올랐어요. 아마 9배나 10배 정도 올랐을 거예요. 그게 저의 첫 10배 상승 종목이었죠." 린치가 고안한 '텐배거'라는 개념은 주가가 10배 오른 종목을 말한다.

린치는 모든 종목이 탁월한 성과를 올리지 않아도 좋은 포트폴리오가 될 수 있다고 주장했다. 즉, 다른 종목들의 실적이 약간 좋거나 보통이라고 해도 한두 개의 텐배거만 있으면 된다는 것이었다. 그는 이렇게 말했다. "이 일에서는 10번 중에서 6번만 맞아도 잘하는 겁니다. 절대 10번 중에서 9번을 맞을 수는 없어요. '아하' 하고 깨달으면 답이 나오는 순수한 과학과 달라요."

존 보글
뮤추얼펀드 구루

존 클리프턴 '잭' 보글John Clifton 'Jack' Bogle은 1999년에 쓴 『승자의 게임Common Sense on Mutual Funds』덕분에 많은 투자자에게 뮤추얼 펀드투자의 구루로 알려졌다. 보글은 프린스턴대학을 졸업한 후 웰링 턴 매니지먼트 컴퍼니Wellington Management Company에서 일했다. 그는 1974년에 뱅가드 그룹Vanguard Group을 설립했다. 뱅가드 그룹은 폭넓 게 인정받는 뮤추얼펀드투자사가 되었다.

보글은 수동적으로 운용되는 저비용 인덱스 펀드에 투자하라고 일 관되게 권했다. 그가 추천한 투자 방식은 다음과 같다.

- 단순한 방식을 유지하라.
- 보수를 비롯한 투자 비용을 최소화하라.

- 단기적 수익에 초점을 맞추지 말고 장기적 관점으로 투자하라.
- 감정이 아니라 펀더멘털 분석을 토대로 투자 결정을 내려라.
- 인덱스 펀드에 투자를 집중하라.

보글의 전략을 칭송한 사람들 중에 금융 부문 방송인인 짐 크레이머Jim Cramer가 있다. 그는 인덱스 펀드에 투자를 집중해야 한다는 생각에 동의한다고 여러 번 밝혔다.

> "금융시장은 과학적 실험을 할 때처럼 쉽게 단일 변수를 잡아내기에는 너무 복잡하다. 기록을 보면 꾸준히, 정확하게 주가의 단기 변동을 예측할 수 있다는 증거가 전무하다."
>
> _ 존 보글

미래 예측

보글은 1951년에 프린스턴에서 쓴 뮤추얼펀드에 대한 논문에서 뮤추얼펀드 매니저는 장기적 추세보다 단기적 수익에 초점을 맞춘다는 통념(주로 유명한 경제학자인 메이너드 케인스의 생각)에 반박했다. 이후 그는 "안타깝게도 업계의 전문적이고 직업적인 투자자들이 투자에 정교하고 분석적인 초점을 맞출 것이라던 나의 예측은 실현되지 않았다… 점수를 내자면 케인스 1, 보글 0이다"라고 말했다.

장기 보유

보글은 펀드 기반 포트폴리오를 지속적으로 조작하는 것에 강하게 반대한다. 대신 그는 매수한 다음 오랫동안 보유하라고 권한다. 그는 뮤추얼펀드의 수동적 운용을 지지한다. 또한 과거의 실적은 미래의 실적을 알려주는 지침으로 삼아야 하며(일반적인 펀더멘털 분석의 신조), 다만 과거의 펀드 실적을 과대평가하지 않도록 주의해야 한다고 말한다.

결론적으로 투자에 대한 보글의 지침은 그레이엄이나 버핏, 린치의 원칙보다는 대다수 미국인이 투자하는 양상에 더 초점을 맞춘다. 그러나 이 모든 투자 구루는 돈을 굴려서 더 많은 돈을 벌려는 사람들에게 귀중한 교훈을 제공한다.

옮긴이 김태훈

전문 번역가로서 투자, 경제/경영, 인문/교양 등 다양한 분야의 책들을 번역한다. 옮긴 책으로 『엘리어트 파동이론』『초수익 성장주 투자』『어떻게 원하는 것을 얻는가』『마케팅이다』 외 다수가 있다.

처음 시작하는 이들을 위한
최소한의 주식투자 이해하기

초판 1쇄 발행 2023년 12월 13일

지은이 미셸 케이건
옮긴이 김태훈
펴낸이 김선준

책임편집 송병규
편집팀 이희산
마케팅팀 이진규, 권두리, 신동빈
홍보팀 한보라, 이은정, 유채원, 권희, 유준상, 박지훈
디자인 김세민
일러스트 디자인쓰봉
본문 외주 디자인 김미령
경영관리 송현주, 권송이

펴낸곳 페이지2북스 **출판등록** 2019년 4월 25일 제 2019-000129호
주소 서울시 영등포구 여의대로 108 파크원타워1. 28층
전화 070) 4203-7755 **팩스** 070) 4170-4865
이메일 page2books@naver.com
종이 ㈜월드페이퍼 **인쇄·제본** 한영문화사

ISBN 979-11-6985-055-1 04320
        979-11-6985-054-4 04320 (세트)